COMMENT DOIT ÊTRE CONÇUE LA RÉORGANISATION DE LA DÉFENSE NATIONALE POUR LE CAS DE GUERRE

PAR

[illegible]

[illegible]

Général TAUFFLIEB

ancien Commandant du 37e Corps d'Armée

COMMENT DOIT ÊTRE CONÇUE LA RÉORGANISATION DE LA DÉFENSE NATIONALE POUR LE CAS DE GUERRE

PAR LE

GÉNÉRAL TAUFFLIEB

ANCIEN COMMANDANT DU 37e CORPS D'ARMÉE
SÉNATEUR DU BAS-RHIN.

STRASBOURG
IMPRIMERIE ALSACIENNE
1925

Comment doit être conçue la Réorganisation de la défense nationale ou Projet d'organisation de la Nation en cas de guerre.

Si l'Europe ne comprenait que des démocraties honnêtes et sincères, ayant abandonné toute idée de conflit ou de représailles, nous pourrions peut-être envisager l'éventualité, sinon d'une suppression, du moins d'une réduction considérable des armées. Mais il n'en est malheureusement pas ainsi, et pour un pays comme le nôtre, qui se trouve être le voisin immédiat d'une nation avide d'une revanche rapide, ne tenant aucun de ses engagements, considérant les signatures comme des chiffons de papier, ne respectant pas les traités, désarmer serait plus qu'une faute; ce serait un crime sans excuse, car le Droit et la Justice ne sont, aujourd'hui encore, rien sans la Force. La Société des nations ou le Tribunal de La Haye auront besoin d'armées pour faire respecter leurs décisions.

Mais s'il est nécessaire pour nous d'avoir une forte armée, nous ne pouvons oublier que nous avons perdu quinze cent mille hommes, de 1914 à 1918, et que nous devons consacrer à notre relèvement économique ce qui reste d'intelligences et de bras.

Nous devons chercher à limiter au minimum nos charges militaires, afin de pouvoir disposer de toutes nos forces pour la lutte économique qui succède à la guerre à coups de canon.

Le pays, éclairé par les événements de la dernière guerre, a accepté les erreurs du passé, les erreurs de tous, mais il est plus exigeant aujourd'hui, il demande qu'on lui explique les raisons des nouvelles charges qu'on lui impose.

Il y a deux ans, le Parlement votait la réduction du service militaire à 18 mois; il ne voulait pas réduire cette durée à un an, estimant qu'au moment où nous allions occuper la Ruhr, il n'était pas possible de réduire les effectifs de nos unités de paix. Ces effectifs sont d'ailleurs la conséquence de notre organisation actuelle, organisation d'avant-guerre, fixée par la loi de 1873 et qu'il faut transformer au plus tôt.

Il fallait, disait-on, aller au plus pressé et donner satisfaction à l'opinion publique. On discuterait ensuite notre nouvelle organisation militaire et, peut-être, pourrait-on à ce moment envisager une nouvelle réduction de la durée du service militaire.

La question est ainsi très mal présentée. Organisation et durée du service sont deux facteurs qui ne peuvent se séparer. Ils sont fonction l'un de l'autre. On ne peut pas dire: Nous disposons de tant d'hommes avec 18 mois de service, comment allons-nous organiser les ressources que nous donnent 18 mois de service? Ce n'est pas l'effectif de paix qui fixe l'organisation militaire, qui est avant tout une organisation de guerre. C'est le contraire qui doit avoir lieu. La question doit être posée tout autrement. Elle doit être présentée ainsi : Quelle sera, une fois notre organisation de guerre déterminée, l'effectif nécessaire en temps de paix? La question du recrutement ne peut être résolue que lorsque l'organisation militaire a été précisée. Avant de fixer la durée du service, il faut déterminer quels seront nos besoins en temps de paix, pour assurer notre organisation du temps de guerre et pour cela il faut d'abord établir notre organisation du temps de guerre. L'organisation du temps de paix en découlera et avec elle les effectifs qui nous seront nécessaires pour assurer cette organisation.

Notre organisation doit d'abord nous assurer la paix, mais la paix solide, durable, pour nous permettre de travailler à ramener la prospérité, le bien-être et le calme que nous avions avant 1914. Nous ne voulons ni aventures, ni conquêtes, mais nous voulons que *notre territoire national soit à l'abri de toute agression.* Enfin notre organisation doit nous permettre de nous défendre au cas où nous serions attaqués ou menacés.

L'organisation du temps de guerre doit envisager l'organisation de la Nation tout entière pour la guerre, elle ne doit pas viser seulement l'organisation militaire, elle doit aussi prévoir l'organisation civile.

Il y a, sur le front, les armées qui se battent. Il y a à l'intérieur le pays qui produit : d'une part ce qu'il faut pour alimenter les armées et d'autre part ce qui est nécessaire à la vie de la Nation. L'organisation militaire n'est qu'une partie de l'organisation de la Nation. Il faut examiner le tout, c'est cet exposé que nous allons essayer de développer dans les lignes qui vont suivre.

Organisation militaire.

Notre organisation militaire doit être inspirée, non par des traditions militaires, très respectables assurément, mais vieillies et sans valeur pratique. Elle ne doit pas être guidée par le souci de conserver ce qui est et de l'adapter aux exigences actuelles.

L'armée de demain doit être complètement différente de l'armée d'hier. Il faut changer les principes qui servent de base à son organisation.

Il ne s'agit pas de diminuer la puissance militaire de la France; au contraire, nous voulons, en cas de conflit, mettre à ce moment toutes les ressources du pays au service des armées combattantes. Nous devons réaliser une organisation nouvelle, en mettant tous les citoyens en état de remplir leur rôle, en temps de guerre, et préparer l'encadrement de toutes nos forces pour pouvoir, dès le début, agir avec le maximum de nos moyens. Nous voulons produire de suite le plus grand effort pour anéantir notre adversaire.

Les grands principes de la guerre n'ont point changé, mais la manière de les réaliser a varié.

La base de notre organisation nouvelle doit être la Nation armée, disposant de toutes ses ressources pour la défense nationale.

Il faut qu'au moment du danger, il n'y ait plus qu'une seule armée, l'armée de la France, qui se lève comme en 1914, avec un tel élan, une telle ardeur, un tel enthousiasme, que l'agresseur en soit rapidement anéanti. C'est notre meilleur gage de sécurité et de paix.

Notre nouvelle organisation militaire doit nous donner *le maximum de sécurité* et de force avec *le minimum de charges.*

L'opinion publique comprend difficilement, maintenant que nous avons été victorieux et que nous occupons le Rhin, que nous soyons obligés d'avoir une armée presque aussi nombreuse qu'en 1914, alors que l'Allemagne occupait les Vosges et avait une armée active de près d'un million d'hommes. A l'étranger, en voyant nos effectifs, on nous accuse d'être des impérialistes et de rêver de guerres et de conquêtes nouvelles. Ne donnons pas prise à cette légende, réduisons nos effectifs de paix au minimum, tout en assurant en tout temps notre sécurité. *Ayons confiance dans nos réserves,* organisons les dès le temps de paix, donnons leur les cadres nécessaires, préparons les au rôle qu'elles auraient à remplir, en cas de mobilisation, en un mot mettons les en état d'être utilisés le jour où elles sont rappelées sous les drapeaux.

Le projet d'organisation militaire voté par la Chambre des députés, le 25 mars 1924, ne tient aucun compte des enseignements de la guerre. Il semble concevoir une organisation ressemblant étrangement à celle qui précédait 1870, amalgamée avec l'organisation de 1873. La composition et l'organisation des grandes unités est à peine effleurée, et quant à l'utilisation des réserves, il n'en est pas fait mention. Or une thèse nouvelle s'est fait jour, l'armée active ne peut que fournir une première couverture à l'abri de laquelle doit pouvoir s'effectuer la mobilisation de la Nation, et être en même temps une école d'instruction, de préparation militaire. Les officiers de complément, les réservistes, les territoriaux ont constitué pendant la dernière guerre, très rapidement lorsqu'ils étaient bien encadrés, des unités aussi solides que celles de l'armée active. La valeur d'une troupe dépend uniquement de ses cadres; les meilleures troupes, mal conduites, ne peuvent prétendre qu'à l'insuccès, alors que des bons cadres tireront un bon parti de troupes même médiocres.

La force principale de l'armée n'est plus constituée par les hommes en train de s'instruire, par les hommes sous les drapeaux, mais par les *soldats instruits, rentrés dans leurs foyers.* En cas de péril extérieur, c'est la Nation tout entière qui se lève pour assurer son salut.

Le jeune soldat ne doit accomplir que le temps strictement nécessaire sous les drapeaux, pour se développer physiquement, s'instruire de ses devoirs militaires, pour être, en un mot, apte à la défense nationale. Une fois instruit et rentré chez lui, il est le soldat prêt à défendre sa Patrie, dès qu'elle se trouve en danger. Comment peut-il d'ailleurs en être autrement, même avec le service de 18 mois? Vous n'avez sous les drapeaux, en temps de paix, qu'une classe et demie, alors qu'à la mobilisation vous disposez de vingt classes. Vous n'avez en temps de paix que les 3/40 de votre force militaire; vous avez, en temps de paix, 400.000 hommes, alors que le jour de la mobilisation vous disposez de cinq millions d'hommes. La force principale de l'armée sera constituée uniquement par les réservistes, et c'est l'organisation de cette masse de réservistes que nous devons également prévoir. La Nation armée a fait ses preuves pendant la guerre, l'expérience a été concluante et c'est à elle que nous devant la Victoire. Partout nos réservistes, nos territoriaux, nos vieux R. A. T. et nos jeunes conscrits ont combattu coude à coude, témoignant la même endurance et le même héroïsme.

Si, en 1914, au lieu d'attendre inutilement dans les dépôts, les trois millions de réservistes et de territoriaux disponibles, avaient été organisés en divisions et en brigades, et si ces divisions, brigades, avaient été utilisées sur le front, pour renforcer nos unités actives et étendre notre ligne sur notre gauche, peut-être n'aurions-nous pas eu Charleroi? La guerre ne se serait pas faite sur notre territoire. Nous nous serions arrêtés sur la Sambre, sur la Meuse, près de la frontière. Nul ne peut savoir quelles en auraient été les conséquences. La bataille de la Marne se livrait à Charleroi qui devenait une Victoire. Le territoire national n'était pas envahi.

Si, au début de 1914, certaines unités de réserve n'ont pas été à hauteur de leur tâche, la faute n'en incombe pas à ces unités, mais au commandement qui n'avait pas prévu leur complète organisation. Ces unités manquaient d'instruction militaire et de cohésion; leurs cadres étaient insuffisants. Elles n'avaient pas été préparées, dès le temps de paix, au rôle qu'elles avaient à remplir; cadres et troupes n'avaient jamais travaillé ensemble; les unités n'avaient jamais été constituées comme à la mobilisation.

Le Conseil supérieur de la guerre avait décidé que les unités de réserve, obtenues par dédoublement des unités actives, n'avaient aucune valeur offensive et que ces unités ne pouvaient être utilisées que pour les places, pour les camps retranchés, pour les opérations de l'arrière et pour servir à combler les vides pendant la guerre. On ne voulait pour le premier choc, qui devait être le plus violent, et décider du sort de la guerre, que des troupes de l'armée active, portées par quelques réservistes, à l'effectif de guerre.

On reprenait le principe de 1870; ne faire la guerre qu'avec l'armée active. On se trouvait avec une armée de première ligne, une armée de premier choc, de 1.500.000 hommes environ, et l'on avait plus de trois millions d'hommes inutilisés au début, encombrant les dépôts, forces vives perdues au moment où elles étaient le plus nécessaires et qui, comme je viens de le dire, ne devaient, dans l'esprit de nos organisateurs, servir qu'à remplacer les pertes, occuper les places fortes ou tenir les lignes d'étapes. C'était une conception assez singulière de l'emploi de nos forces pour la guerre, devant une Allemagne, dont la population était presque double de la nôtre et qui, d'après les renseignements que nous lisions dans les travaux sur la carte, faits à Berlin, au Grand Etat-major, avait organisé pour entrer immédiatement en campagne, un nombre de corps d'armée et de divisions de réserve ou de landwehr, à peu près double de celui du temps de paix.

L'Allemagne frappait le premier coup avec le maximum de ses forces; elle voulait nous submerger. Elle ne cherchait nullement, comme nous le croyons, une attaque brusquée. Elle se mobilisait d'abord *entièrement,* encadrant toutes ses disponibilités, et une fois sa concentration terminée, elle se ruait sur nous avec ses cinq millions d'hommes. Nous n'avions, pour faire face à cette avalanche, que nos unités actives portées à l'effectif de guerre. Nous opposions 1.500.000 hommes aux Allemands, le reste attendait inutilisé dans les dépôts.

Le projet d'organisation du 25 mars 1924 semble revenir à cette conception stratégique.

L'armée entretenue en temps de paix serait une « *armée frontière* », fortement encadrée et instruite, capable par une mobilisation rapide, d'agir immédiatement et seule, en territoire ennemi, et de s'y installer solidement.

A l'abri de cette armée frontière, destinée à porter son effort chez l'adversaire, dès les premiers jours de la guerre, l'armée nationale se mobilise, dans les centres mobilisateurs régionaux, sous la haute direction de l'organe central de la défense nationale. Le matériel nécessaire à cette armée nationale est créé de toutes pièces par l'effort de la nation mobilisée. L'organisation régionale est totalement distincte de celle des troupes. La division est une grande unité permanente du temps de paix. Le corps d'armée n'est plus qu'un échelon supérieur de commandement et comprend un nombre de divisions variable.

La conception d'une armée-frontière, indépendante de l'armée nationale, nous rappelle singulièrement ce qui existait sous le second Empire. A cette époque, il existait une armée-frontière qui n'était autre que l'armée du temps de paix, totalement indépendante de toute organisation régionale et essentiellement mobile. Si son commandement n'était pas organisé dès le temps de paix, si elle n'était point dotée de tout son matériel, elle n'en était pas moins composée d'éléments de haute valeur. En face d'une armée nationale, supérieure en nombre et entrant en ligne, dès les premiers jours, avec toutes ses forces, notre armée-frontière, malgré des prodiges de valeur individuelle, fut anéantie. La majeure partie fut bloquée dans Metz, le 18 août au soir. Le 2 septembre, tout ce qui subsistait fut conduit à la capitulation désastreuse de Sedan. Enfin, si l'on se rappelle que l'adversaire était, le 17 septembre, sous les murs de Paris et au début d'octobre sur la Loire, n'est-il pas légitime de penser que cette invasion si rapide aurait paralysé la mobilisation de l'armée nationale, *avant même qu'elle ait été dotée de ses instruments de combat.* C'est pour parer à un retour de nos effroyables désastres que la loi de 1873 et les dispositions qui l'ont perfectionnée, avaient prévu la mobilisation en bloc, dans le cadre du corps d'armée, des unités actives, de réserve et de territoriale, toutes dotées, dès le temps de paix, du matériel nécessaire à leur mobilisation.

Nous ne pensons vraiment pas que les raisons exposées dans le projet de loi soient assez probantes pour faire renoncer aux principes tutélaires sur lesquels reposait notre organisation d'avant-guerre, pour rejeter dans l'oubli les enseignements si précieux du passé et justifier le retour à des conceptions condamnées par l'expérience et la raison. Nous ne pouvons pas revenir à la séparation, en temps de paix, de l'administration et du commandement des troupes, à ce dualisme redoutable, justement considéré comme une des causes de nos désastres passés.

La région et les troupes doivent, dans l'avenir comme dans le passé, rester placées, en temps de paix, sous l'autorité unique du Général Commandant la région, responsable de leur préparation à la guerre.

Le projet Fabry organise deux armées distinctes qui vont à la bataille l'une après l'autre. L'armée-frontière ou armée active engage la lutte d'abord, pendant que l'armée nationale, armée de réservistes, se mobilise et se prépare à entrer à son tour dans la bataille. Il n'y a pas *concentration des efforts,* il y a *dispersion des efforts.* La conception de l'armée-frontière, composée des éléments actifs du temps de paix, apparaît dangereuse. Cette armée sera peut-être une couverture insuffisante pour l'armée nationale, dont la mobilisation sera forcément lente, puisqu'aucun matériel n'est emmagasiné pour elle dès le temps de paix.

Il se peut que, dans l'état de faiblesse passagère de l'Allemagne et pendant la période où nous aurons le droit d'occuper le Rhin et ses têtes de pont, nos 32 divisions suffisent à réduire l'adversaire, ou, soient tout au moins assez fortes, pour attendre l'entrée en ligne de l'armée nationale; mais si, dans un avenir plus ou moins lointain, nous nous trouvions, non pas devant une armée organisée, aussi puissante que l'était l'armée allemande en 1914, mais seulement devant une nation se levant tout entière pour la lutte, dès les premiers jours, et dont les réserves auraient été bien préparées pour cette levée rapide, que deviendrait l'armée-frontière, réduite à ses propres forces, pendant un long délai sur ses positions avancées?

Qui ne voit, au premier coup d'œil, l'analogie frappante de la situation où se trouverait cette armée, avec celle que nous avons connue en août et septembre 1870?

Ce n'est plus l'armée active qui constitue la

force principale de la Nation, ce sont les réserves qui, bien organisées, bien armées, constituent la masse puissante et redoutable que l'armée active seule sera impuissante à former.

Facteur matériel.

Mais la guerre a montré aussi que l'homme n'est pas le seul facteur qu'il faille envisager dans la guerre moderne. Le *facteur matériel* est devenu un facteur aussi important que le facteur humain.

L'aviation, les gaz, l'électricité, les moteurs blindés à roues et à chenilles, les canons sur voies ferrées, et nous ne savons pas ce que nous réservent les inventions de l'avenir, peuvent arrêter les bataillons les mieux entraînés.

Tout d'abord, avant même que les deux armées ne s'engagent, il faut penser que les avions ennemis viendront, par leurs incursions, les uns reconnaître ce qui se passe, les autres jeter le trouble dans les formations de marche; d'autres encore iront agir sur les derrières des armées et sur les villes à l'intérieur du pays. De telles incursions seront très certainement nombreuses et répétées. Elles seront entreprises avec des moyens de lutte considérables. Eloigner ou détruire de tels avions ennemis sera au premier chef la mission de notre propre aviation qui devra être aidée par une artillerie anti-aérienne puissante, polițant efficacement l'atmosphère.

Avions et artillerie anti-aérienne seront les premiers à entrer en action, avant même que les armées se portent à la rencontre l'une de l'autre.

La conception d'une barrière défensive, organisée pour assurer notre couverture, ne doit donc pas envisager seulement la défense en largeur et en profondeur. Elle doit être complétée par une défense en hauteur. Il y a l'aviation dont il faut tenir compte. Cette troisième dimension sera peut-être la principale dans l'avenir et exigera des mesures de mobilisation nouvelles, des groupements nouveaux, des travaux de protection spéciaux, etc.

Le prochain conflit verra peut-être, croisant dans le ciel, d'innombrables avions observant et écrasant l'adversaire. Les routes seront interdites par les avions observateurs. Les gaz les plus nocifs arrêteront les assaillants. Hommes et chevaux ne pourront plus circuler dans cette zone de mort. Seuls, les chars blindés permettront de progresser. La boue, les fossés, les obstacles sont vaincus par la chenille. Les attaques se feront avec du matériel, derrière lequel les combattants munis de masques, pourront agir. L'électricité, maniée à distance par des mains invisibles, interviendra à son tour dans l'action. Nous ne savons pas quelles forces nouvelles la science nous prépare, car nous ne sommes encore qu'au début de l'âge de la machine.

Les grands groupements, brigades, divisions,

corps d'armée, ne sont plus seulement des groupements d'hommes, des groupements de combattants; ils deviennent de puissantes machines de destruction, harmonieusement combinées pour agir et se mouvoir selon les desseins du commandement.

Certes, les grands principes de la guerre durent toujours, mais dans le domaine de l'exécution, tout est variable. Les progrès mécaniques sont rapides, le matériel est devenu important; de plus il se modifie, il se perfectionne chaque jour.

Il nous faut donc envisager maintenant la combinaison du facteur humain et du facteur matériel. Suivant la force et la valeur des nouveaux outils, suivant les inventions nouvelles (canons, moteurs, avions, torpilles, gaz, électricité, etc.), qu'il faudra suivre constamment, la combinaison de ces deux facteurs variera. L'on ne peut pas prévoir quel est celui qui l'emportera sur l'autre, mais il y a tout de même lieu d'en tenir compte. Notre nouvelle organisation doit prévoir cette combinaison de l'homme et de l'outil. Sans tomber dans l'erreur de croire que le matériel suffit à tout, nous pensons que son constant perfectionnement doit rester une des importantes préoccupations du commandement. La guerre demande aujourd'hui à toutes les sciences des procédés pour détruire mieux et plus vite. Elle multiplie ses chances de progrès par le nombre des domaines qu'elle embrasse. Chaque invention reconnue applicable sur le champ de bataille modifie la forme que peut prendre le combat. La science prend une place prépondérante dans la préparation.

Des organes scientifiques bien outillés nous deviennent nécessaires pour rechercher les procédés les plus nouveaux permettant de réaliser des économies d'hommes et d'assurer une défense nationale plus puissante. Les inventions scientifiques amènent des bouleversements constants et constituent des facteurs nouveaux qui doivent entrer dans notre organisation. Nous en avons fait l'expérience pendant la dernière guerre, nous devons envisager cette question dans notre nouvelle organisation.

Pour étudier ces inventions nouvelles, pour les préparer, les construire, les adapter à la guerre, il nous faut un corps d'ingénieurs militaires spéciaux. Ces ingénieurs militaires, en liaison constante avec nos savants, nos physiciens, nos chimistes, nos constructeurs, seront chargés de toutes les études concernant le matériel, gaz, explosifs, moteurs, avions, etc. Ce sont ces ingénieurs qui, du fond de leur cabinet de travail, de leur laboratoire, pourront jeter des sorts mortels aux bataillons les mieux entraînés et réduire à néant les plus savantes combinaisons de forces. C'est à ces ingénieurs qu'incombera l'étude de toutes les nouvelles inventions et de leur application à la guerre. Notre nouvelle organisation doit prévoir et fixer la composition de ce corps spécial de techniciens.

Principes de notre organisation militaire.

La conception de notre organisation militaire doit être simple. Elle doit envisager : d'une part l'organisation du temps de paix et d'autre part l'organisation du temps de guerre,

L'organisation du temps de paix doit :

1° assurer la sécurité de nos frontières et de nos colonies et Pays de protectorat ;

2° assurer l'instruction des cadres, des contingents et des réserves, la constitution et l'encadrement de toutes les unités organisées à la mobilisation.

Cette conception nous amène à avoir pour l'organisation du temps de paix deux éléments distincts :

Un élément de protection, toujours disponible et rapidement utilisable. C'est ce que nous appelons : *la Couverture*.

Un élément d'instruction et de préparation ou armée de l'intérieur, c'est une armée, école de préparation, ou *armée d'instruction*.

L'organisation du temps de guerre doit assurer la défense nationale en *utilisant toutes les forces vives* de la Nation. Elle doit prévoir l'organisation, le fonctionnement et l'utilisation de toutes ces forces qui constituent les Armées.

Cette organisation du temps de guerre ne comprend plus qu'un élément: *l'Armée nationale,* constituée par toutes les unités prévues dès le temps de paix et dans laquelle active et réserve sont confondues. Cette armée est formée de toutes les ressources du pays et constitue *l'Armée d'exécution*.

Cette armée nationale, pour pouvoir se mobiliser, se concentrer en toute sécurité, doit avoir en avant d'elle une couverture qui, renforcée rapidement, en cas de danger, devra arrêter l'adversaire et *assurer l'inviolabilité de notre territoire.*

Cette couverture fait partie de l'armée nationale, elle ne doit pas en être un élément séparé; elle doit être organisée et prête en tout temps. Elle est constituée, en fait, par la couverture du temps de paix; mais elle doit, par une organisation bien comprise, pouvoir se renforcer successivement, dès le cas de tension politique, de manière à remplir sa mission pendant tout le temps nécessaire.

Cette couverture forme ce que nous pourrions appeler le Service de sûreté ou les Avant-postes de l'organisation de guerre.

Organisation civile.

Derrière les armées qui combattent, le pays aussi doit être organisé pour son rôle de guerre, c'est cette organisation que nous devons également envisager et que nous appellerons *l'organisation civile.*

Il faut penser à l'outillage formidable de fabrication, de réparations, d'alimentation qui nous sera nécessaire pour amener aux troupes ce qu'elles auront besoin. Enfin il faut que la nation vive, qu'elle produise son alimentation. Sa vie économique ne doit pas être suspendue par la guerre. Rappelons-nous les efforts surhumains qu'il a fallu faire en 1915 et en 1916 pour arriver à ces organismes nouveaux, improvisés, par suite de l'absence de toute préparation. Il fallut faire à la hâte un plan d'ensemble pour organiser et diriger la production. Il fallut improviser pendant la guerre cette nouvelle mobilisation industrielle, économique, agricole, que nous n'avions pas prévue, car la mobilisation militaire seule avait été envisagée. La guerre future sera avant tout une guerre d'usines et c'est à ce titre que la mobilisation industrielle doit être envisagée et préparée dans tous ses détails. Il faut aussi pendant la guerre assurer le ravitaillement de la population, il faut prévoir un plan de ravitaillement et de production pour la durée des hostilités. Toutes ces mesures à prévoir constituent l'organisation civile de la Nation qu'il faut préparer en même temps que l'organisation militaire.

Ces premiers principes posés, pour fixer notre

organisation militaire, il y a lieu d'établir d'abord quelle doit être la composition de nos grandes unités militaires.

Quel doit être le premier groupement de forces, c'est-à-dire la première grande formation de guerre, comprenant toutes les armes, capable de mener seule une action de guerre et disposant de tous les moyens modernes actuels?

Ce premier groupement doit être tel que toutes ses forces, commandées par un même chef, puissent concourir au même but, sans se gêner et en se prêtant un mutuel appui. Il doit comprendre toutes les armes; de l'infanterie avec ses chars de combat qui sont ses engins d'accompagnement; de l'artillerie légère et de l'artillerie lourde pour écraser l'adversaire, et ouvrir la voie à l'infanterie; de l'aviation pour voir et régler le tir; des sapeurs du génie; de la cavalerie et les services nécessaires au fonctionnement de ce groupement (ouvriers, secrétaires, etc.).

Ce premier groupement constitue une brigade, il est commandé par un Colonel.

La réunion de trois brigades, sous un même commandement, constitue une division commandée par un Général de brigade.

La réunion de trois divisions, sous un même commandement, constitue un corps d'armée, commandé par un Général de division.

Enfin la réunion de plusieurs corps d'armée, sous un même commandement, constitue une armée, commandée par un Général de division, Commandant d'armée.

Ces groupements de corps d'armée et d'armée ne sont pas trop lourds, puisque pendant la dernière guerre, au moment des attaques, les corps d'armée disposaient quelquefois de 8 à 10 divisions et les Armées comprenaient 5 et 6 corps d'armée. Ce n'est qu'une question d'organisation du commandement, d'articulation des unités et de répartition ou d'aménagement des liaisons et des transmissions.

Toutes les formations : brigade, division, corps d'armée sont de l'ordre ternaire. Il doit en être de même pour toutes les unités, ce qui permet au chef, en engageant deux de ses unités, d'en avoir une troisième disponible, comme réserve, pour alimenter le combat. Le Régiment comprend 3 bataillons, le bataillon 3 compagnies, la compagnie 3 sections. Le groupe d'artillerie comprend 3 batteries, la batterie 3 sections ou 6 pièces. Le régiment de cavalerie comprend 3 escadrons, l'escadron 3 pelotons.

Les grandes unités militaires de l'armée nationale sont: la Brigade, la Division, le Corps d'armée, l'Armée et éventuellement le Groupe d'armées.

La brigade est la cellule initiale de ces grandes unités, et la juxtaposition de brigades constitue des divisions, des corps d'armée et des armées.

Quelle doit être la composition de la Brigade mobilisée ?

— Un Colonel Commandant, disposant d'un état-major de brigade ;
— 3 Régiments d'infanterie à 3 bataillons de 3 compagnies (fusiliers, grenadiers, mitrailleurs) ;
— 3 Compagnies de chars de combat ;
— 3 Groupes de 3 batteries d'artillerie légère ;
— 3 Groupes de 3 batteries d'artillerie lourde ;
— 3 Escadrilles d'aviation ;
— 1 Compagnie de sapeurs-mineurs ;
— 1 Peloton de cavalerie ;
— 1 Section d'ouvriers spéciaux de parc (ouvriers d'infanterie ou de chars, ouvriers d'artillerie, ouvriers du génie, ouvriers d'aéronautique) ;
— 1 Section du train des équipages ;
— 1 Section de secrétaires ;
— 1 Section de commis et ouvriers d'administration ;
— 1 Section d'infirmiers militaires.

L'effectif d'une brigade ainsi constituée est de 16.000 hommes environ.

En cas de conflit, nous devons chercher à produire immédiatement l'effort maximum, nous devons donner, dès le début, le coup de massue à l'adversaire et non pas disperser nos forces pour des chocs successifs. Il faut donc que nous organisions *toutes nos ressources* en vue d'une utilisation immédiate et rapide.

La guerre nous a montré que pour une guerre de mouvement, l'homme jusqu'à 36 ans était apte à toutes les opérations que comporte cette guerre. Au delà de cet âge, il est préférable de l'employer dans des formations sédentaires, pour les services, pour les places fortes ou pour l'intérieur. Nous pouvons donc établir que toutes les classes de 20 à 36 ans sont aptes à faire partie des troupes de campagne. Nous avons 16 classes utilisables. Ces classes sont en moyenne de 200.000 hommes ; ce qui nous donne pour les contingents métropolitains

3.200.000 hommes.

Si nous déduisions de ces 3.200.000 hommes, 350.000 hommes pour l'armée de couverture, pour les formations spéciales d'armée, pour les places fortes de la frontière, pour les troupes destinées aux voies de communications, etc., il reste disponible, pour la métropole,

2.850.000 hommes

pour l'organisation de nos troupes de campagne.

L'organisation de l'armée nationale devra comprendre autant de brigades que nous pourrons en organiser avec les 2.850.000 hommes dont nous disposons.

L'effectif de la brigade étant de 16.000 hommes environ, nous pourrons organiser à la mobilisation: 180 brigades formant 60 Divisions et 20 Corps d'armée.

Telle doit être la base de toute notre organisation du temps de guerre, et c'est elle qui réglera notre organisation du temps de paix. «L'utilisation de toutes nos ressources de 20 à 36 ans doit nous permettre d'organiser pour la métropole: *20 corps d'armée à 3 divisions.*

L'armée nationale ou armée d'exécution métropolitaine comprendra donc:

1° Une couverture, organisée dès le temps de paix, qui forme les avant-postes de l'armée nationale avant son entrée en action, qui la protège pendant son rassemblement;

2° 20 Corps d'armée métropolitains mobilisés à 3 divisions chacun et groupés en armées;

3° à cette armée métropolitaine viennent s'ajouter l'Armée de l'Afrique du Nord et l'Armée coloniale.

Organisation du temps de paix.

Quelle sera maintenant notre organisation du temps de paix?

1° Organisation de l'élément de protection ou Couverture;

2° Organisation de l'élément de préparation et d'instruction ou Armée d'instruction.

Voyons d'abord comment doit être organisé l'élément de protection ou *la Couverture,* puisque c'est le premier élément qui doit assurer notre sûreté, en tout temps.

La couverture doit être assez forte, en temps de paix, pour nous garantir de toute agression subite. Elle doit, en outre, en cas de conflit, assurer l'inviolabilité du territoire pendant que la Nation se prépare, se mobilise, se concentre. Elle doit nous *assurer le temps et l'espace nécessaires.*

Le maréchal Foch estime que 12 divisions actives sont suffisantes pour remplir ce rôle: 6 divisions sur le Rhin et 6 divisions en réserve, prêtes à être amenées rapidement pour renforcer les six premières.

J'ajouterai que nous devons également y affecter toute notre cavalerie. Cette arme ne s'improvise pas à la mobilisation. Elle reste à peu près ce qu'elle est en temps de paix, mais son utilité est incontestable dans la couverture. C'est à ce moment qu'il faut agir avec rapidité, intimider l'adversaire, l'empêcher d'organiser sa défense, rompre si possible la couverture ennemie et mettre la main sur les nœuds de chemins de fer que l'ennemi pourrait utiliser pour sa concentration, ou les détruire si on ne peut les conserver. Enfin le front n'est pas encore couvert d'un épais réseau de fils de fer. La cavalerie peut agir et elle doit agir rapidement et énergiquement. Quatre divisions de cavalerie nous sont nécessaires pour cette action.

Mais la couverture doit aussi arrêter les tentatives de l'aviation ennemie. Elle doit donc être complétée par une nombreuse aviation, 30 escadrilles de chasse et de bombardement, destinée à aller produire de suite un effet de surprise, de terreur en territoire ennemi. Cette aviation doit être soutenue et protégée par une artillerie anti-aérienne qui, convenablement disposée, doit assurer la protection de nos villes-frontières.

Les 12 divisions actives, complétées par 4 divisions de cavalarie et par 30 escadrilles de chasse et de bombardement soutenues par des batteries d'artillerie anti-aérienne, forment l'Armée de couverture. Elles sont placées sous les ordres d'un Général de division, Commandant l'Armée de couverture. Les troupes qui les composent doivent être très mobiles, toujours prêtes à entrer en ligne, *avoir un matériel perfectionné* leur donnant une grande force offensive et une grande vitesse d'action. Ce matériel doit permettre: de transporter les troupes d'infanterie rapidement et sans fatigue, d'un point à un autre, et de faire suivre cette infanterie de son artillerie organique (artillerie légère et artillerie lourde).

Nous sommes ainsi amenés à remplacer dans la couverture la propulsion hippomobile par la propulsion automobile dans laquelle le poids et la mobilité ne s'opposent plus. Nous pouvons même envisager un système nouveau d'artillerie lourde, caractérisé par une puissance considérable.

Reste la question du carburant, nous dira-t-on. Cette question n'est plus aujourd'hui un obstacle, car elle est en voie d'être résolue par l'emploi du benzol, de l'alcool, de l'essence synthétique, du charbon de bois, etc.

Le matériel dont devra disposer la couverture doit permettre :

1° d'effectuer, sur route, des étapes journalières de 100 kilomètres (10 heures de marche) ;
2° de pouvoir se déplacer en terrain varié quelconque, à des allures diverses, pouvant atteindre 10 kilomètres à l'heure.

Ce matériel doit pouvoir se déplacer aussi bien sur routes qu'en terrain varié. Il doit combiner le système roues avec le système chenilles, combinaison obtenue en dotant le véhicule du double système de propulsion sur roues et sur chenilles.

Quand on se déplace sur route, ce sont les roues motrices ou directrices qui portent sur le sol, tandis que les chenilles sont alors relevées ; quand on se déplace en mauvais terrain, le véhicule repose et progresse sur ses chenilles, en tenant ses roues relevées.

Enfin il faut que le passage de la position roues à la position chenilles et inversement puisse se faire rapidement, en ne faisant usage que du ersonnel qui compose l'équipage normal du éhicule.

Ce matériel, indépendamment de son emploi omme transporteur ou ravitailleur, doit pouvoir ervir également comme engin militaire offensif. l doit pouvoir être utilisé comme char de comat, auto-mitrailleuse ou auto-canon.

La caisse peut même être rendue étanche et lottable pour le passage des cours d'eau.

Les progrès actuels de l'industrie permettent e construire tous les matériels dont nous venons e parler. — Pour l'artillerie anti-aérienne il est ossible de construire aujourd'hui un matériel de ort calibre, à grande vitesse initiale, d'une très rande mobilitié et pouvant tirer en hauteur sous n angle de 80 degrés. Ce matériel prend instananément la direction, l'angle de tir et le réglage le fusées convenable; il permet de contrebattre fficacement toute escadrille aérienne ennemie.

En résumé, le nouveau matériel dont nous deons envisager l'emploi, pour donner à la couverure sa puissance maximum, sera constitué:

1° Par des tracteurs d'infanterie blindés, armés de mitrailleuses ou de canons d'infanterie;

2° par des tracteurs d'artillerie blindés, armés de canons légers et de canons lourds;

3° par des tracteurs d'artillerie anti-aérienne munis de canons de fort calibre et à grande puissance.

L'armée de couverture, ainsi fortement équipée et constamment sur un pied se rapprochant du pied de guerre, doit nous permettre, en cas de conflit, d'effectuer, sous sa protection, notre mobilisation et notre concentration; elle doit nous permettre en outre de gêner ou d'arrêter les préparatifs de guerre que pourrait faire notre adversaire.

Au fur et à mesure que nos ressources le permettront, nous devrons doter également nos formations de l'intérieur de ce nouveau matériel moderne. L'artillerie portée, dont nous disposons actuellement, est un non-sens tactique. Elle doit disparaître au plutôt et être remplacée par une artillerie à tracteurs. Nous arriverons ainsi à donner à toute notre armée la plus grande puissance possible. En augmentant et perfectionnant constamment notre matériel, nous pourrons faire une économie considérable d'hommes, ce qui ne doit pas être dédaigné.

L'Allemagne ne peut nous attaquer à l'improviste. Elle n'a qu'une armée active de 100.000 hommes, mais elle a organisé également ses forces de police, ses sociétés de gymnastique, ses associations universitaires, ses groupements d'anciens combattants. etc. Elle a créé, sous le nom de « Technische Nothilfe », un corps de 250.000 volontaires spécialistes, qui doivent officiellement pouvoir assurer, en cas de trouble, le maintien de l'exploitation des services publics, mais qui, pratiquement, donnent la possibilité au Reich, de fournir très rapidement à ses armées, les troupes techniques nécessaires. Ces volontaires ajoutés à l'armée régulière de 100.000 hommes autorisée par le traité, et aux 150.000 hommes de la police d'Etat, permettent ainsi à l'Allemagne de disposer assez rapidement, en temps de paix, d'une force de 500.000 hommes. Mais ces 500.000 hommes constituent plutôt une armée de cadres qu'une armée d'instruction. 250.000 sont dispersés dans leurs foyers, il faut d'abord les rappeler. La fusion entre la Reichswehr, l'armée de métier, et les associations illégales représentant les effectifs, est certainement faite ou aux trois quarts faite. Mais cette armée n'a pas tout son matériel. Elle possède évidemment ses fusils, ses mitrailleuses, ses canons de campagne peut-être, mais elle n'a presque pas d'artillerie lourde.

J'ajouterai que pour faire la guerre, dans les circonstances actuelles, la préparation matérielle est loin de suffire. Il faut la préparation financière et la préparation morale. On ne voit pas comment l'Allemagne pourrait financer une guerre même très courte. Quant à la préparation morale, elle n'existe pas, car l'accord de tous les citoyens, l'union du pays tout entier n'existe point.

L'Allemagne dispose sans doute chaque année d'un fort contingent, mais elle ne peut l'instruire en entier. Un quart de la classe annuelle reçoit une ébauche d'instruction militaire pendant trois mois, le reste n'est pas instruit. Il ne faut pas oublier, en outre, que chaque année une classe de réservistes ayant fait la guerre disparaît.

L'Allemagne a évidemment des hommes, mais ce ne sont pas tous des soldats. Enfin ils ne sont pas tous sur le Rhin; ils sont répartis sur toute l'Allemagne. Ils auraient à se réunir, à se grouper en unités, à s'armer, à s'équiper, en un mot à s'organiser d'abord et ensuite à être transportés sur les points où ils voudraient agir. La mobilisation allemande exige le concours d'un facteur essentiel, *le temps*. Or le traité de Versailles a mis pour quinze ans, au moins, le facteur temps à notre merci, et avec lui le facteur *espace*. Il n'est d'ailleurs pas de nation capable d'habiller, d'armer et de nourrir cinq millions d'hommes du jour au lendemain, pour se livrer à une invasion soudaine. Il faudra 4 à 6 semaines à l'Allemagne pour accomplir sa mobilisation.

Organisons notre mobilisation pour être prêts les premiers. Organisons notre couverture pour avoir rapidement sur le Rhin une force suffisante nous permettant de résister, jusqu'à ce que notre mobilisation et notre concentration soient achevées. Préparons la riposte à ce que peut faire l'Allemagne.

Nous disposons d'abord des hommes de la disponibilité que nous pouvons rappeler par appel individuel, dès que la situation devient menaçante ou tendue. Nous pouvons ainsi former un premier échelon de renforcement de la couverture. Nous devons ensuite modifier le tracé de nos régions actuelles. Nous avons six voies ferrées importantes qui, partant de l'intérieur, aboutissent à la frontière allemande. Nous pouvons avoir six régions-frontière, correspondant chacune à une de ces voies ferrées. Ces six régions nous permettront, par une mobilisation rapide et appropriée, d'avoir très promptement des divisions nouvelles qui viendront également renforcer la couverture du temps de paix.

Comment seront organisées les divisions de couverture?

Nous aurons 6 divisions métropolitaines sur le Rhin et 6 divisions indigènes pour appuyer les six divisions métropolitaines. Ces divisions doivent être réparties en profondeur, sur la frontière, prêtes à agir au premier ordre. Leur action doit pouvoir avoir lieu en largeur, en profondeur et en hauteur; d'où nécessité de compléter ces divisions, comme nous l'avons dit précédemment, par une nombreuse aviation combinée avec une forte artillerie anti-aérienne.

Les divisions d'appui peuvent être placées, plus en arrière, près de grandes gares à rendement rapide, d'où elles peuvent être transportées, en peu de temps, sur leurs points de concentration.

Ces divisions, ainsi qu'il a été dit, disposeront

d'un matériel moderne très perfectionné: chars blindés avec canons légers et mitrailleuses, autos-canons, artillerie légère et artillerie lourde sur tracteurs, allant rapidement sur routes et à travers champs, escadrilles d'aviation disposant de torpilles à grande puissance destructive, nombreux postes d'artillerie anti-aérienne, Postes de T. S. F. reliant tous les points importants de la frontière, service des renseignements organisé, Poste de commandements abrités prévus, etc., etc.

Les divisions de couverture, commandées chacune par un Général de brigade, comprennent deux brigades, dont la composition est la suivante:

Composition de la Brigade de la division métropolitaine:

— Un Colonel Commandant la Brigade, avec un état-major de brigade;
— Un régiment d'infanterie à 3 bataillons;
— Trois bataillons de chasseurs à pied;
— Deux groupes de 3 batteries d'artillerie légère;
— Un groupe de 3 batteries d'artillerie lourde;
— Deux compagnies de chars de combat;
— Une compagnie de sapeurs-mineurs;
— Quatre escadrilles d'aviation;
— Un peloton de cavalerie;
— Une section d'ouvriers spéciaux de parc,

et les services nécessaires (Secrétaires, Train des équipages, Commis et ouvriers d'administration, Infirmiers militaires).

Composition de la Brigade de la division indigène:

— Un Colonel Commandant la brigade avec un état-major de brigade;
— Deux régiments de tirailleurs indigènes à 3 bataillons;
— Deux groupes de 3 batteries d'artillerie légère;
— Un groupe de 3 batteries d'artillerie lourde;
— Deux compagnies de chars de combat;
— Une compagnie de sapeurs-mineurs;
— Deux escadrilles d'aviation;
— Une section d'ouvriers spéciaux de parc,

et les services nécessaires (Secrétaires, Train des équipages, Commis et ouvriers d'administration, Infirmiers militaires).

Divisions cavalerie.

Les divisions de cavalerie ont la composition suivante:

La division de cavalerie est commandée par un Colonel, ayant avec lui un état-major de division de cavalerie.

Elle comprend:

— Trois brigades de cavalerie. Chaque brigade est commandée par un Lieutenant-Colonel et se compose de 3 régiments à 3 escadrons;
— Trois groupes d'artillerie légère de 3 batteries (autos-canons et tracteurs blindés);
— Une compagnie de chars de combat légers;
— Trois compagnies automotrices de chasseurs à pied (autos-mitrailleuses et autos-transports blindés);
— Une compagnie auto-motrice de sapeurs-mineurs avec moteurs blindés;
— Une escadrille d'aviation.

Quelle sera maintenant l'organisation de notre armée de l'intérieur, de notre armée d'instruction?

Cette organisation implique, comme nous l'avons vu, le partage du territoire de la métropole en vingt régions, ayant chaucune à former un corps d'armée, à la mobilisation.

Ces régions seront délimitées, comme nous l'avons dit précédemment, sous la condition d'en avoir six aboutissant à la frontière allemande. Ces six régions, qui disposent chacune d'une voie ferrée centrale, auraient pour centre de commandement:

1re Région: Lille (actuellement pourrait être Trèves).

2e Région: Reims (actuellement pourrait être Mayence).

3e Région: Nancy.
4e Région: Epinal.
5e Région: Vesoul.
6e Région: Besançon.

Les quatorze autres régions seront, à part les modifications résultant du tracé des régions ci-dessus, sensiblement les quatorze régions actuelles de l'intérieur. Elles auraient pour centre de commandement:

7e Région: Bourges.
8e Région: Paris.
9e Région: Rouen.
10e Région: Le Mans.
11e Région: Rennes.
12e Région: Nantes.
13e Région: Tours.
14e Région: Limoges.
15e Région: Clermont-Ferrand.
16e Région: Lyon.
17e Région: Marseille.
18e Région: Montpellier.
19e Région: Toulouse.
20e Région: Bordeaux.

Les régions étant ainsi déterminés, quelle sera leur organisation?

La région doit être:

1° Un organe d'instruction et de préparation militaire, assurant l'instruction des cadres, de la troupe et des unités, et permettant l'instruction de détail et l'instruction d'ensemble, avec le seul but : la préparation à la guerre;

2° Un organe d'administration, de préparation et d'organisation de la mobilisation militaire. Organisation des unités à mobiliser, encadrement, troupes; répartition, affectation et mobilisation des réservistes;

3° Un organe d'entente avec l'autorité civile pour la préparation et l'organisation des ressources de la région en vue de la mobilisation civile, c'est-à-dire en vue de la mobilisation industrielle et économique de la région. Utilisation de toutes les ressources pour l'armée et la vie de la Nation pendant la durée des hostilités.

Pour assurer l'instruction militaire, il faut que nous ayons dans chaque région, pour l'instruction, des unités de même nature (compagnie, bataillon, batterie, groupe, escadrille, peloton, section) que celles que la région aura à mobiliser.

Pour que l'instruction soit essentiellement pratique et donne les meilleurs résultats, chacun doit être pénétré, à tous les échelons de la hiérarchie, que le seul but à atteindre est la préparation de l'armée à son rôle en temps de guerre.

L'armée n'est pas une force de police; *elle a pour mission la défense nationale.* Toute son instruction doit être dirigée dans ce but.

Il faut que les unités soient constituées avec leurs cadres au complet, et avec des effectifs se rapprochant de ceux des unités une fois mobilisées.

Il faut que ces unités puissent manœuvrer isolément ou en combinaison avec les autres armes, c'est-à-dire qu'elles puissent faire de l'instruction de détail et de l'instruction d'ensemble.

Il faut enfin que ces exercices ou manœuvres soient exécutés sur des terrains variés et non pas sur des places d'exercices, c'est-à-dire sur des terrains semblables à ceux qui se présentent à la guerre.

Pour arriver à ces résultats, il faut que nous abandonnions complètement les idées qui ont prévalu jusqu'ici pour la préparation à la guerre. Il faut que nous abandonnions les garnisons disséminées où les bataillons et les batteries sont dispersés. Il faut que toutes les unités soient groupées ensemble, par brigade, dans des camps d'instruction où elles pourront travailler dans les mêmes conditions qu'à la guerre. Il faut séparer l'instruction de la mobilisation. L'instruction se fait dans des camps d'instruction. La mobilisation se fait dans des centres de mobilisation, préparés, organisés, où les réservistes rejoignent et où se constituent les unités mobilisées. Ces centres de mobilisation peuvent, et doivent même si possible, être près des camps d'instruction.

Après avoir terminé l'instruction individuelle

dans les unités, le commandement doit pouvoir organiser l'instruction des unités elles-mêmes. Il doit assurer ensuite la cohésion des unités, dans des unités plus grandes, compagnies dans le bataillon, bataillons dans la brigade, brigades dans la division.

L'instruction doit être complétée par la collaboration des armes entre elles, et par les manœuvres de toutes armes. Enfin dans cette collaboration des armes, il faut aussi songer à la préparation à la guerre du commandement et des états-majors dont ils sont assistés, pour que l'instruction soit assurée à tous les degrés de la hiérarchie, depuis le soldat jusqu'au Commandant d'Armée.

En un mot, après avoir fabriqué avec soin les rouages d'un chronomètre, le commandement doit en effectuer le montage et le réglage. C'est une conception nouvelle de notre organisation militaire que nous devons envisager. C'est la seule qui nous permettra, en réduisant la durée du service actif, de donner la véritable préparation à la guerre, dans le minimum de temps.

Indépendamment de l'instruction des contingents et des unités, il faut préparer aussi les nombreux cadres qui seront nécessaires à la mobilisation pour l'encadrement de toutes nos unités. Notre armée du temps de guerre disposera de 15 à 20 contingents. Le nombre de nos unités du temps de paix sera presque décuplé. Il n'est pas possible que l'armée active fournisse cet appoint considérable de cadres qui sera nécessaire. Tous nos cadres de complément (officiers et sous-officiers) seront fournis par la réserve. Il faut que nous les préparions, que nous les instruisions. Il faut, dès le temps de paix, prévoir les cadres nécessaires et les fabriquer. Il faut spécialiser là comme ailleurs et préparer des officiers et des sous-officiers de réserve comme vous préparez des mécaniciens, des mitrailleurs, des pointeurs, etc.

Pour créer ainsi nos cadres nécessaires, il y a lieu d'organiser dans chaque région une école d'instruction, un bataillon-école uniquement destiné à la préparation des cadres des réserves. Ce bataillon aura une compagnie pour l'infanterie et les chars de combat, une compagnie pour l'artillerie et une compagnie pour le génie et l'aéronautique. Les jeunes gens du contingent, susceptibles de faire des gradés, y seront envoyés dès leur incorporation.

Après six mois d'études et un examen sérieux d'aptitude, vous renverrez ces jeunes gens dans les unités actives pour y terminer leur service. Vous nommez sous-officiers et six mois plus tard officier de réserve, ceux qui, après une nouvelle épreuve, auront reçu le certificat d'aptitude à ce grade. Dans la suite, après les périodes d'exercices ou après certains stages, ces officiers de réserve pourront être proposés pour l'avancement dans les différents grades et nommés à ces grades. Vous aurez ainsi tous les cadres nécessaires à vos formations mobilisées.

Les organes d'instruction militaire de la région doivent donc comprendre des unités complètes pour l'instruction et un bataillon-école pour la préparation des cadres.

Les unités d'instruction sont la compagnie, le bataillon, la batterie et le groupe de batteries. Ce sont les premières unités de combat, ce sont les seules unités où l'on fait l'instruction de l'homme de troupe, du sous-officier et je dirai même de l'officier subalterne, lieutenant ou capitaine.

Il n'y a pas lieu d'organiser, en temps de paix, le régiment dans les régions. Le régiment est, la plupart du temps, plutôt une unité administrative. Ce n'est pas une unité tactique. C'est un groupement de bataillons. Dans la manœuvre du régiment, chaque bataillon agit, en fait, uniquement d'après les ordres de son Commandant; mais les efforts des bataillons sont coordonnés par le Commandant du régiment. L'instruction du régiment est une instruction des cadres supérieurs. Ce n'est pas une instruction individuelle de l'homme, ni du gradé subalterne. Leur instruction est terminée lorsque l'on passe à l'instruction du régiment.

Pour donner cette instruction, en temps de paix, il n'y a qu'à grouper trois bataillons et faire ainsi l'instruction des cadres supérieurs. Le régiment, que vous aurez d'ailleurs organisé en temps de paix, ne ressemblera en rien au même régiment mobilisé. Dès l'ordre de mobilisation, le régiment du temps de paix se dissociera, il formera des groupes de noyaux mobilisateurs (cadres et troupes) qui, avec les nombreux réservistes vont constituer les nouvelles unités mobilisées. Le régiment du temps de paix sera complètement absorbé par les éléments de complément. Si donc, vous voulez faire l'instruction de ce régiment mobilisé, si vous voulez instruire le régiment tel qu'il sera constitué à la mobilisation et tel doit être le but de l'instruction, il faut organiser ce régiment, tel qu'il le sera à ce moment; c'est-à-dire convoquer les réservistes qui le composent, les grouper avec les officiers, gradés et hommes de l'armée active qui en forment les noyaux mobilisateurs et constituer ainsi le régiment de guerre. Vous pourrez alors préparer effectivement ce régiment à son rôle, vous lui ferez exécuter, pendant deux ou trois semaines, des exercices et manœuvres isolément ou en combinaison avec d'autres armes; votre unité recevra ainsi une instruction militaire la mettant en état de remplir son rôle à la guerre. Cette conception entraîne comme conséquence *l'appel des réservistes* par unité et non par classe.

L'organisation de la région comprendra une division d'instruction, composée de deux brigades d'instruction et d'un bataillon-école pour la préparation des cadres de la réserve.

Chaque brigade d'instruction aura les unités de la brigade mobilisée.

La composition de la brigade d'instruction sera la suivante :

— 1 Colonel commandant la brigade, avec un état-major de brigade;
— 5 bataillons d'infanterie à 3 compagnies;
— 2 groupes de 3 batteries d'artillerie légère;
— 2 groupes de 3 batteries d'artillerie lourde;
— 1 compagnie de chars de combat;
— 1 compagnie de sapeurs-mineurs;
— 3 escadrilles d'aviation;
— 1 compagnie d'ouvriers spéciaux de parc (ouvriers de chars de combat, d'artillerie, du génie et d'aéronautique).

La région aura en outre, pour assurer les services de la division d'instruction, des deux brigades et de la région :

— 1 compagnie du train des équipages;
— 1 compagnie de secrétaires militaires;
— 1 compagnie de commis et ouvriers d'administration;
— 1 compagnie d'infirmiers militaires.

Enfin la région aura *un bataillon-école* à 3 compagnies.

La région aura à sa tête un Général de brigade, commandant la région, la division d'instruction et le bataillon-école. Cet officier général aura auprès de lui un état-major de région composé d'un Colonel, chef d'état-major, et de deux sections : une section active destinée à marcher avec les troupes à la mobilisation; une section territoriale destinée à assurer le service de la région.

Pour assurer la cohésion des unités mobilisées, il faut qu'un lien constant existe entre les officiers et les sous-officiers des réserves, qui sont dans leurs foyers, et l'armée active. Il faut créer un organe assurant cette liaison de manière à bien établir qu'il n'y a aucune distinction entre un officier ou sous-officier de complément et un officier ou sous-officier de l'armée active. Nous devons, par tous les moyens, créer, affirmer, maintenir cette fusion complète entre l'armée et la nation, pour qu'au jour du danger toutes les énergies convergent vers le même but et soient utilisées avec leur maximum de rendement. Il faut qu'en tout temps, les cadres des réserves soient tenus au courant, par leurs unités actives, de tous les progrès militaires qui les intéressent : changements survenus dans la tactique de leur arme, nouveaux règlements, transformations dans l'organisation, inventions nouvelles appliquées à l'armée, matériel nouveau en distribution, expériences d'engins nouveaux, mutations survenues dans les différentes unités du corps, etc.

Chaque chef de corps actif doit, à cet effet, publier un bulletin périodique (mensuel ou bimensuel) qu'il adresse à tous ses cadres de complément et qui contient tous les renseignements nouveaux qui leur sont nécessaires. Il doit enfin pouvoir les convoquer pour certaines conférences importantes, examen du journal de mobilisation, manœuvres d'ensemble, exercices de cadres, écoles à feu, expériences diverses, fêtes commémoratives de la Grande Guerre, etc., etc. Pour ces convocations, toutes facilités doivent être accordées aux officiers et sous-officiers de complément.

Nous arriverons ainsi à obtenir une cohésion complète dans toutes les unités qui sont créées à la mobilisation. Les unités constitueront une véritable famille où tout le monde se connaîtra et où la plus grande confiance régnera. Nous aurons de cette manière, dès le premier jour de la mobilisation, des unités de réserve aussi solides que les unités actives.

Pour administrer tous les réservistes de la région et préparer la mobilisation, *chaque région est partagée en neuf subdivisions de brigade,* ayant chacune à leur tête un capitaine de recrutement, chargé de préparer la mobilisation d'une brigade et d'assurer toutes les opérations de recrutement dans sa subdivision.

Dans chaque région, les neuf subdivisions de brigade sont placées sous les ordres d'un Lieutenant-Colonel, chef du service de la mobilisation, du recrutement et de la préparation militaire de la région.

Ce Lieutenant-Colonel, qui dépend directement du Général Commandant la région a, pour adjoints, trois Chefs de bataillon, chargés chacun de la préparation de la mobilisation d'une des divisions que la région doit mobiliser et du contrôle des trois capitaines de recrutement chargés de préparer la mobilisation des trois brigades de leur division.

Dans chaque région *des centres de mobilisation* doivent être prévus et préparés pour la réunion des réservistes et l'organisation des unités mobilisées. Ces centres de mobilisation doivent être situés près des gares d'embarquement. Les hommes des réserves viendront s'y grouper; les unités seront formées et organisées, prêtes à être embarquées pour le théâtre des opérations.

Dans ces lieux de rassemblement devront être entreposés tout le matériel, l'armement, les munitions, les vivres, l'équipement, les voitures, etc., en un mot tout ce qui sera nécessaire aux unités qui viendront s'y mobiliser.

Toute cette organisation est placée sous les ordres du service du recrutement et dépend directement du Lieutenant-Colonel, Chef du service de la mobilisation.

A la mobilisation, chaque région va organiser un corps d'armée. Il faut que, dès le temps de paix, nous prévoyons cette organisation, que nous la préparions. A cet effet, deux régions contiguës sont placées sous les ordres d'un Général de division, inspecteur permanent de ces régions ou inspecteur de corps d'armée.

A la mobilisation cet officier général prendra le commandement d'un des corps d'armée mobilisés. L'autre corps d'armée sera commandé, soit par un général de division du cadre actif disponible ou nouvellement promu, soit par un général de division du cadre de réserve, mais n'ayant pas plus de 65 ans.

L'Inspecteur de corps d'armée est assisté d'un état-major comprenant une section active et un Chef d'état-major du grade de général de brigade.

Deux inspections de corps d'armée forment une inspection d'armée, commandée par un général de division, inspecteur d'armée, membre du Conseil supérieur de la guerre.

L'Inspecteur d'armée est assisté d'un état-major d'armée, comprenant une section active et un chef d'état-major du grade de général de brigade.

Les Inspections d'armée ont leur centre de commandement à Lille, Paris, Tours, Bourges et Lyon.

Le commandement des armées est exercé par le Vice-président du conseil supérieur de la guerre qui a le titre d'Inspecteur général des armées.

Indépendamment de l'organisation des régions, nous avons aussi à prévoir certaines troupes spéciales à la disposition du généralissime, commandant en chef, soit pour le service général des armées ou des grandes places fortes, soit pour le service des liaisons et des voies de communication des armées, c'est-à-dire des troupes du service des chemins de fer et des troupes du service des télégraphes et des téléphones.

Certaines de ces unités peuvent n'être créées qu'à la mobilisation, mais d'autres doivent avoir, pour leur instruction, des unités existant dès le temps de paix.

Les unités qui doivent avoir en tout temps leur organisation, sont les suivantes:

Aéronautique. — Aviation d'armée. — 40 escadrilles d'aviation d'armée comprenant:

8 escadrilles de reconnaissance;

16 escadrilles de chasse;

16 escadrilles de bombardement.

30 de ces escadrilles doivent pouvoir faire partie de la couverture. Leur organisation, leur installation, leur matériel doit leur permettre d'être portée très rapidement sur la frontière, pour agir avec l'armée de couverture.

2 compagnies d'aérostiers;

1 compagnie de météorologie.

Artillerie d'armée. — 8 groupes de 3 batteries contre aéronefs (D. C. A.) avec matériel perfectionné.

Comme pour l'aviation d'armée, la plupart de ces batteries doit pouvoir agir, dès la première heure, et coordonner leur action avec l'aviation d'armée de la couverture. Leur organisation du temps de paix doit leur permettre de satisfaire à ces conditions.

3 groupes de 3 batteries d'artillerie à longue portée et à grande puissance (A. L. G. P. et A. L. V. F.); ces batteries sont en partie sur tracteurs, en partie sur voie ferrée.

2 compagnies de projecteurs;

2 compagnies de repérage.

Génie d'armée. — 2 bataillons de sapeurs de chemins de fer de campagne à 3 compagnies;

1 compagnie de sapeurs-mineurs de place;

1 compagnie de sapeurs de ponts lourds;

1 compagnie de sapeurs électro-mécaniciens;

4 compagnies de sapeurs télégraphistes, téléphonistes et radiotélégraphistes.

Les unités du génie se recrutent à la mobilisation dans le personnel des compagnies de chemins de fer et dans le service des P. T. T. Il est inutile d'avoir, en temps de paix, de nombreuses formations de ce service des voies de communication, car le personnel nécessaire à nos formations de guerre est un personnel technique qui, en temps de paix, exécute journellement ce qu'il aurait à faire à la mobilisation.

Ouvriers spéciaux de parc d'armée. — 6 compagnies d'ouvriers spéciaux de parc pour le service d'armée, 5 compagnies pour la métropole et 1 compagnie pour l'Afrique du Nord.

Toutes ces unités serviront de noyaux mobilisateurs, pour former, au passage sur le pied de guerre, toutes les unités nouvelles de même ordre qu'il sera nécessaire d'organiser pour le service des armées.

Organisation civile.

Nous venons de voir comment doit être préparée notre organisation militaire, essayons maintenant d'examiner comment doit être envisagée notre organisation civile, c'est-à-dire comment nous devons préparer notre mobilisation industrielle, économique et agricole.

Cette mobilisation civile doit être préparée en premier lieu par un *organe directeur central,* dépendant directement du gouvernement et comprenant :

un représentant du Président du Conseil, président;
un représentant de la guerre;
un représentant de la marine;
un représentant des colonies;
un représentant des travaux publics, et
un représentant du travail,

auxquels sont adjoints les techniciens nécessaires.

Cet organe, après entente avec les autorités administratives et les commandants des régions, fait recenser tous les établissements, usines, fabriques, ateliers, laboratoires, etc. utilisables, à la mobilisation, pour les besoins de la Nation et les classe suivant leur rendement et leur situation. Il prépare ensuite un plan d'ensemble des fabrications, des ressources disponibles et nécessaires et établit d'après ces premières indications une répartition des commandes. Le Président de cet organe directeur arrête ce plan, qui constitue en fait le plan de mobilisation et de fabrication des usines, et le notifie, en ce qui les concerne, aux différents ministères intéressés, lesquels en avisent les départements.

Chaque département établit ensuite, d'après les indications données par l'organe directeur, un plan de mobilisation industrielle du département, dans les mêmes conditions que le plan de mobilisation militaire.

Ce plan est préparé, dans chaque département, par *une Commission d'études* composée du Préfet, président, du Commandant de la région, d'un intendant militaire et des représentants des différentes administrations. Le Préfet complète cette Commission d'études par les notabilités scientifiques ou industrielles du département qu'il juge utile d'adjoindre à la commission.

Le plan de mobilisation industrielle du département doit indiquer, pour chaque établissement mobilisé, le détail complet de sa mobilisation, l'organisation scientifique et pratique des ateliers, l'évacuation des machines inutiles, la mobilisation de la main-d'œuvre, les matériaux à requérir, etc., etc.

Ce plan doit comprendre pour chaque établissement trois parties: *Préparation, Exécution, Contrôle.* La première partie (Préparation) doit être notifiée, dès le temps de paix, aux directeurs des établissements mobilisés.

Enfin les Commissions d'études départementales devront s'entendre, lorsqu'il y aura lieu de transporter ou d'évacuer d'un département dans un autre, des établissements, usines, laboratoires, etc., dont le plan de mobilisation prescrira le changement.

Pour la mobilisation économique et agricole, *l'organe directeur central* établira de même un plan de ravitaillement et un plan de production (minier et agricole). Ce plan fera connaître aux commissions départementales les ressources qu'elles auraient à fournir et les moyens mis à leur disposition. Ces commissions établiront alors, pour leur département, un plan de mobilisation agricole (et minier s'il y a lieu) et un plan de ravitaillement. Toutes les mesures économiques à prévoir y seront indiquées, les mesures et moyens à employer pour la production, les besoins nécessaires aux populations, les denrées ou matières qui ne pourraient être fournies et dont il y aurait lieu de prévoir l'envoi, la main-d'œuvre étrangère au département qu'il serait nécessaire de fournir, etc., etc.

La Commission d'études départementale pourra, pour la préparation de la mobilisation économique, être complétée par quelques conseillers généraux, quelques grands propriétaires ou quelques industriels.

Un tableau des ressources probables du département devra compléter les plans de mobilisation agricole et de ravitaillement.

Ces plans de mobilisation civile une fois établis, il y a lieu d'en envoyer des extraits aux commandants de recrutement intéressés, afin que ces derniers puissent préparer, de concert avec l'autorité départementale, 1° soit la mise en sursis du personnel mobilisable nécessaire à la mobilisation civile, soit les ordres de réquisition pour le personnel non mobilisable nécessaire à cette mobilisation; 2° les ordres de réquisition de matériel ou de transport nécessaires pour la mise en œuvre de toute cette mobilisation civile.

Ces organismes nouveaux, organe directeur central et Commission d'études départementales, sont à créer de toutes pièces; ils constituent le premier l'organe de direction, le deuxième les organes d'exécution. Ils ont à assurer d'une part la fabrication de tout ce qui est nécessaire aux armées et d'autre part le ravitaillement des armées et des populations civiles.

Pour y arriver, ils ont à préparer et à assurer l'emploi de toutes les forces vives de la Nation non utilisées par l'armée. La loi sur les réquisitions doit leur permettre de disposer de toutes ces forces, de préparer leur organisation et leur utilisation de façon qu'au jour de la mobilisation elles contribuent toutes à assurer la défense du sol national et l'alimentation des armées et de la Nation. Pendant que les armées se battent, tous ceux qui restent à l'intérieur doivent travailler pour le salut du pays et pour assurer son existence.

Mobilisation.

Avant d'ordonner la mobilisation militaire, le Ministre de la guerre, dès qu'il y a tension politique ou menace de guerre, rappelle les hommes de la disponibilité sur un simple ordre de convocation ou ordre d'appel, c'est ce que l'on peut désigner sous le nom de *période de précaution.*

Si la situation s'aggrave, la mobilisation militaire est ordonnée par décret pris en Conseil des ministres. Elle est portée à la connaisance de la Nation par affiches et par publication sur la voie publique.

La mobilisation militaire est partielle ou générale.

La mobilisation partielle a lieu par unités, ce qui permet de n'appeler que les unités que l'on estime nécessaires.

La mobilisation générale, au contraire, est l'appel de toutes les classes qui sont à la disposition de l'autorité militaire. Elle peut être ordonnée en deux temps.

1er temps: appel des hommes de la première réserve.

2e temps: appel des hommes de la deuxième réserve.

Exception peut toutefois être faite pour les régions-frontière, où les hommes de la deuxième réserve peuvent être appelés en même temps que ceux de la première réserve.

La mobilisation civile (mobilisation industrielle, économique, agricole) est ordonnée comme la mobilisation militaire. Elle peut cependant avoir lieu après la mobilisation miliatire. Le décret d'exécution en fixe le premier jour.

Dès que l'ordre de mobilisation militaire est lancé, la région forme un corps d'armée à 3 divisions. A cet effet, elle se détriple et organise 3 divisions actives à 3 brigades actives. Ces trois divisions constituent le corps d'armée mobilisé, dont le numéro est celui de la région correspondante.

Cette mobilisation peut se faire comme suit : Les compagnies de neuf bataillons de la région mobilisent chacune un régiment d'infanterie à 3 bataillons, formant ainsi les 27 régiments nécessaires pour constituer le corps d'armée.

Le dixième bataillon restant de la région, forme le dépôt de la région pour l'instruction des classes nouvelles, appelées pendant la période de guerre.

Le bataillon-école fournit aux unités mobilisées les cadres dont il peut disposer et passe tous ses autres éléments au 10e bataillon, constituant avec lui le dépôt de la région. Le même principe s'applique pour le détriplement des autres unités mobilisées (artillerie, chars de combat, génie, aviation, ouvriers spéciaux de parc, services).

Tout commandant d'une unité ou d'un service, organisé à la mobilisation, doit être désigné dès le temps de paix, avoir une lettre de service lui indiquant l'unité ou le service dont il aura le commandement ou la charge, et savoir l'endroit où il devra se rendre. Il doit être tenu au courant des fonctions qu'il aura à remplir, être muni d'un contrôle de son unité ou de son service mobilisé, être avisé des changements qui surviennent et avoir pris connaissance du journal de mobilisation de son unité avec tous les renseignements nécessaires pour lui permettre d'accomplir sa mission, dès l'ordre de mobilisation.

De même le personnel nécessaire à la direction et à l'exécution des services de la mobilisation industrielle et économique, non soumis par son âge au service militaire et qui est utilisé pour cette mobilisation, doit recevoir également dès le temps de paix, un ordre de service ou de réquisition lui indiquant la mission qu'il aura à remplir dès l'ordre de mobilisation civile.

Un journal de mobilisation doit être préparé pour chaque usine, atelier, laboratoire, etc. mobilisé. Dans chaque département un journal de la mobilisation économique doit avoir été établi et tenu à jour, en ce qui concerne les ressources.

En un mot, tout ce qui peut être prévu doit être prévu. Chacun doit savoir où il doit aller et la mission qu'il aura à remplir.

Colonies et Pays de protectorat.

Les colonies et pays de protectorat concourent à la défense de la Nation entière, métropole et colonies. Si nous leur garantissons leur sécurité, leur existence économique, ils nous fournissent en échange l'appoint d'hommes nécessaires, en temps de paix, pour notre sûreté sur le Rhin.

Ils nous fournissent spécialement les troupes pour les expéditions coloniales et pour la sûreté de toutes nos colonies. Ils forment, en un mot, le réservoir de nos excellentes troupes indigènes, dont on ne peut oublier le dévouement pendant la Grande Guerre; ils nous sont indispensables pour la défense nationale.

L'organisation militaire des colonies doit nous fournir, d'une part, des troupes instruites, actives, ou troupes d'opérations, toujours prêtes à être employées, soit pour la défense de la métropole, soit pour la défense de nos colonies; d'autre part, des troupes à l'instruction, disponibles, au fur et à mesure que leur instruction est achevée, pour alimenter les troupes d'opérations et tenir les garnisons de nos colonies et pays de protectorat.

Cette conception nous amène à avoir, pour l'organisation militaire de nos colonies et pays de protectorat, des régions comprenant *des troupes actives ou troupes de marche* et *des troupes d'instruction.*

Enfin nous devons également prévoir pour ces troupes la préparation des cadres d'encadrement des unités créées à la mobilisation, et avoir par suite, comme dans les régions métropolitaines, une unité-école de préparation de cadres ou un bataillon-école.

Les colonies et pays de protectorat forment deut groupes parfaitement distincts, dont nous examinerons successivement l'organisation.

1er groupe. — Le premier groupe est celui de l'Afrique du Nord, c'est le groupe le plus rapproché de la métropole, dont on peut même dire qu'il en est le prolongement. Les ressources peuvent être utilisées en France, aussi rapidement que celles de la métropole. D'Alger à Belfort il n'y a que 48 heures. — Ce groupe que nous appellerons : algéro-marocain, comprend l'Algérie, la Tunisie et le Maroc.

2e *groupe.* — Le deuxième groupe, plus éloigné de la métropole, est le groupe colonial. Il comprend toutes les autres colonies et pays de protectorat. Son organisation constitue entièrement l'armée coloniale.

Groupe de l'Afrique du Nord.

L'Afrique du Nord forme quatre régions militaires.

La première région est constituée par la Tunisie et a pour centre de commandement Tunis. Les deuxième et troisième régions sont constituées par l'Algérie et ont comme centre de commandement Alger et Oran. La quatrième région est constituée par le Maroc et a comme centre de commandement Fez.

Chacune de ces régions comprend: une division active, composée d'unités de marche, une division d'instruction, composée d'unités d'instruction, à peu près semblables à la divison d'instruction métropolitaine et un bataillon-école pour la préparation des cadres de complément.

Chaque région est placée sous les ordres d'un général de brigade commandant la région.

Deux régions constituent une inspection de corps d'armée, sous les ordres d'un général de division, inspecteur de corps d'armée.

Les quatre régions forment une inspection d'armée, sous les ordres d'un général de division, inspecteur de l'Afrique du Nord, membre du Conseil supérieur de la guerre.

La division active se compose de deux brigades actives ou brigades de marche et de 2 régiments de marche supplémentaires, disponibles pour la couverture métropolitaine ou pour des opérations militaires dans les colonies ou pays de protectorat.

La division active est commandée par un général de brigade, assisté d'un état-major de division.

La brigade active ou de marche a la composition suivante:

— 1 Colonel commandant la brigade, avec un état-major de brigade;
— 2 régiments de tirailleurs algéro-marocains à 3 bataillons;
— 2 groupes d'artillerie légère de 3 batteries;
— 1 groupe d'artillerie lourde de 3 batteries;
— 2 compagnies de chars de combat;
— 1 compagnie de sapeurs-mineurs;
— 2 escadrilles d'aviation;
— 1 régiment de spahis algéro-marocains à 3 escadrons;
— 1 section d'ouvriers spéciaux de parc,

et les services nécessaires (secrétaires militaires, train des équipages, commis et ouvriers d'administration, infirmiers militaires).

Elle comprend en outre: 1 régiment de tirailleurs algéro-marocain à 3 bataillons, disponible pour des formations éventuelles.

La division d'instruction se compose de 2 brigades d'instruction.

La composition de la brigade d'instruction est la suivante:

— 1 Colonel commandant la brigade assisté d'un état-major de brigade;
— 3 bataillons de tirailleurs algéro-marocains;
— 2 bataillons de zouaves;
— 1 groupe de 3 batteries d'artillerie légère;
— 1 groupe de 3 batteries d'artillerie lourde;
— 1 compagnie de chars de combat;
— 1 compagnie de sapeurs-mineurs;
— 1 escadrille d'aviation;
— 1 peloton de spahis algéro-marocain;
— 1 compagnie d'ouvriers spéciaux de parc ouvriers de chars de combat, ouvriers du génie, ouvriers d'artillerie, ouvriers d'aéronautique).

La région aura, en outre, pour assurer les services de la division active, de la division d'instruction et de la région:

— 1 compagnie du train des équipages;
— 1 compagnie de secrétaires militaires;

— 1 compagnie de commis et ouvriers d'administration;
— 1 compagnie d'infirmiers militaires.

Enfin la région aura un bataillon-école à 3 compagnies.

Les unités de l'Afrique du Nord sont: soit des unités blanches (zouaves, aviation, secrétaires); soit des unités indigènes (tirailleurs et spahis algéro-marocains); soit des unités mixtes (chars de combat, artillerie, génie, ouvriers spéciaux de parc, train des équipages, commis et ouvriers d'administration, infirmiers militaires).

Pour la mobilisation et le recrutement, la région est partagée en six subdivisions de région, ayant chacune à leur tête un capitaine du service du recrutement.

Chaque brigade d'instruction dispose pour son recrutement et sa mobilisation de 3 subdivisions de région. Elle assure le recrutement de la brigade active correspondante. Les 3 subdivisions de région sont sous les ordres d'un Commandant de recrutement chargé d'assurer la mobilisation des unités constituées par la brigade d'instruction.

La direction du recrutement, de la mobilisation et de la préparation militaire de la région est assurée par un Lieutenant-Colonel relevant directement du Général Commandant la région.

A la mobilisation, la région mobilise autant de brigades que ses ressources le permettent. Ces brigades peuvent être groupées en divisions ou accouplées à des brigades métropolitaines.

Elles sont envoyées sur les théâtres d'opérations, soit en France, soit dans les colonies ou pays de protectorat.

La préparation et l'exécution de la mobilisation civile a lieu sur les mêmes bases que dans la métropole, après entente entre les Gouverneurs généraux de l'Algérie, du Maroc et les Commandants de région.

En cas de nécessité, le Gouvernement peut ordonner la mobilisation militaire de l'Afrique du Nord, sans qu'il soit nécessaire de décreter la mobilisation générale dans la métropole. Cette mobilisation peut être partielle ou générale, et l'ordre peut en être donné par le Gouverneur général de l'Algérie, après approbation du Conseil des Ministres.

Colonies.

Les colonies et pays de protectorat, autres que l'Afrique du Nord, forment 2 régions bien distinctes.

L'une comprend les colonies situées en Amérique et en Afrique. L'autre comprend les colonies situées en Asie et en Océanie.

Ces régions sont des régions coloniales et les unités qui les constituent appartiennent à l'armée coloniale. Le centre administratif de la 1re région coloniale est à Bayonne. Le centre administratif de la 2e région coloniale est à Hyères.

Chacune de ces régions comprend une division active composée de deux brigades actives ou de marche, disponibles pour la couverture métropolitaine ou pour les opérations militaires hors d'Europe, une division d'instruction composée de 2 brigades d'instruction, et un bataillon-école pour la préparation des cadres de complément.

Chaque région coloniale est placée sous les ordres d'un Général de brigade, commandant la région.

Les deux régions coloniales forment une inspection d'armée coloniale, placée sous les ordres d'un Général de division, Inspecteur de l'armée coloniale, membre du Conseil supérieur de la guerre.

La division active se compose de deux brigades actives, elle est commandée par un Général de brigade, assisté d'un état-major de division.

La brigade active ou de marche a la composition suivante:

— 1 Colonel Commandant la brigade assisté d'un état-major de brigade;
— 2 régiments de tirailleurs indigènes coloniaux à 3 bataillons;
— 3 bataillons d'infanterie coloniale;
— 2 groupes d'artillerie légère à 3 batteries;

— 1 groupe d'artillerie lourde de 3 batteries;
— 2 compagnies de chars de combat;
— 1 compagnie de sapeurs-mineurs;
— 2 escadrilles d'aviation;
— 2 pelotons de spahis coloniaux;
— 1 section d'ouvriers spéciaux de parc

et les services nécessaires (secrétaires militaires, train des équipages, commis et ouvriers d'administration, infirmiers militaires).

Elle comprend en outre: 4 régiments de tirailleurs coloniaux de marche à 3 bataillons, disponibles pour des formations ou des missions éventuelles.

La division d'instruction se compose de deux brigades d'instruction.

La composition de la brigade d'instruction est la suivante:

— 1 Colonel Commandant la brigade avec un état-major de brigade;
— 9 bataillons de tirailleurs indigènes coloniaux;
— 2 bataillons d'infanterie coloniale;
— 1 groupe d'artillerie légère de 3 batteries;
— 1 groupe d'artillerie lourde de 3 batteries;
— 1 compagnie de chars de combat;
— 1 compagnie de sapeurs-mineurs;
— 1 escadrille d'aviation;
— 1 peloton de spahis coloniaux;
— 1 compagnie d'ouvriers spéciaux de parc (ouvriers de chars, du génie, d'artillerie et d'aéronautique).

La région aura, en outre, pour assurer les services de la division active, de la division d'instruction et de la région:

— 1 compagnie du train des équipages;
— 1 compagnie de secrétaires militaires;
— 1 compagnie de commis et ouvriers d'administration;
— 1 compagnie d'infirmiers militaires.

Enfin la région aura un bataillon-école à 3 compagnies.

Les unités coloniales sont, comme celles de l'Afrique du Nord, des unités blanches, des unités indigènes ou des unités mixtes.

En temps de paix, les régiments de marche disponibles dans les divisions actives peuvent être groupés avec des unités semblables de l'Afrique du Nord et former de nouvelles divisions ou brigades actives qui peuvent être utilisées, soit pour la couverture métropolitaine, soit pour la défense des colonies ou des pays de protectorat.

Pour la mobilisation et le recrutement, la région coloniale comprend autant de subdivisions de région qu'il y a de colonies séparées, la même colonie pouvant avoir deux ou plusieurs subdivisions. Chaque subdivision de région est administrée par un capitaine de recrutement. Dans chaque région, la direction de la mobilisation et du recrutement est assurée par un Lieutenant-Colonel, relevant directement du Général Commandant la région.

A la mobilisation, la région coloniale mobilise autant de brigades que ses ressources le permettent. Ces brigades peuvent être groupées en divisions et former soit des divisions coloniales, soit des divisions mixtes, en étant accouplées, soit à des brigades métropolitaines, soit à des brigades de l'Afrique du Nord.

Les troupes coloniales peuvent, en tout temps, être utilisées en Europe ou dans n'importe quelle colonie ou pays de protectorat.

Un plan de transport est préparé pour le transport des unités coloniales, en cas de mobilisation. Ce plan indique les ports d'embarquement et de débarquement et prévoit tous les détails concernant les transports.

En cas de nécessité, le Gouverneur d'une colonie peut, après en avoir avisé le Gouvernement, décréter la mobilisation militaire partielle ou générale dans sa colonie.

La préparation et l'exécution de la mobilisation civile a lieu sur les mêmes bases que dans la métropole, après entente entre les Gouverneurs et les Commandants de région.

Loi des Cadres et Effectifs.

L'organisation militaire de la nation est complétée par la Loi des cadres et effectifs qui fixe la hiérarchie militaire, la composition des cadres et leur répartition dans les unités. Cette loi définit les différentes armes et indique le nombre de leurs unités et l'effectif de chacune de ces unités. Elle doit distinguer : les troupes et les services et dans ces deux catégories, elle doit indiquer d'une part les combattants et d'autre part les employés. Elle doit mettre chacun à sa place. Enfin elle doit être complétée par la création du corps des ingénieurs militaires, ayant une hiérarchie spéciale et ne relevant que du Ministre de la guerre et du Conseil supérieur de la guerre.

Les principes qui sont à la base de la loi d'organisation s'appliquent intégralement à la loi des cadres et effectifs.

L'armée du pied de paix ne doit être que le moule de l'organisation du pied de guerre. Pas d'unités inutiles, pas d'emplois inutiles. Il ne doit y avoir en temps de paix que des formations existant en temps de guerre et les cadres strictement nécessaires pour l'instruction et l'encadrement des unités existantes, ou pour assurer les services.

Nous avons actuellement beaucoup trop d'employés. Tout en réduisant la durée du service, tout en réduisant ou supprimant certaines unités, nous avons conservé les employés qui correspondent à notre ancienne organisation. Je dirai plus même, nous avons continué à considérer comme nécessaire une partie des emplois que nous avons créés pendant la guerre et pour des besoins de guerre. Nous en sommes ainsi arrivés à cette anomalie que plus nous diminuons les effectifs combattants, plus nous augmentons le nombre des employés. Nous étalons les services au lieu de les comprimer et de les centraliser.

Abandonnons nos vieilles habitudes, confions à la main-d'œuvre civile quantité d'emplois sédentaires qui n'ont rien de militaire. Actuellement ces emplois sont remplis par des jeunes soldats qui changent tous les six mois. Leur rendement est médiocre pour ne pas dire souvent nul.

Commençons par centraliser notre administration des corps de troupes.

Si nous considérons l'administration et la comptabilité des unités, nous pouvons l'organiser par brigade au lieu de continuer à avoir un bureau spécial pour chaque régiment, bataillon ou groupe. Nous centraliserons le travail en ayant pour chaque brigade un bureau d'administration et de comptabilité de brigade ayant à sa tête un Commandant-major, qui administrera toutes les unités de la brigade. Ce Commandant aura avec lui les officiers comptables et les secrétaires nécessaires pour assurer le service. Cette organisation ne diminuera en rien l'autorité des chefs de corps. Ils n'auront plus à leur charge l'administration de leurs unités et pourront s'occuper entièrement de la préparation militaire.

Pour la mobilisation, le bureau de comptabilité et d'administration de brigade s'entendra directement avec les bureaux de recrutement mobilisateurs et assurera, de concert avec les chefs de corps, l'organisation de la mobilisation de toutes les unités.

Conclusion.

Le but de cet exposé d'ensemble a été de fixer les grandes lignes qui doivent, à notre avis, servir de base à l'organisation de la Nation pour sa défense en cas de conflit. Nous voyons la nécessité de prévoir une organisation militaire et une organisation civile, l'une complétant l'autre et utilisant ensemble toutes nos ressources. Toutes les forces vives du pays sont employées pour la défense du sol national, pour l'alimentation des armées et pour assurer la continuation de la vie économique du pays pendant toute la durée de la guerre.

Avec l'organisation militaire de la Nation telle que nous venons de l'établir, l'armée en temps de paix comprend les armes suivantes : infanterie, artillerie, génie, aviation et cavalerie.

L'infanterie se compose d'unités disposant de compagnies de grenadiers, de fusiliers et de mitrailleurs et de compagnies de chars de combat.

L'artillerie se subdivise en artillerie légère et artillerie lourde.

L'artillerie légère comprend l'artillerie anti-aérienne, l'artillerie divisionnaire de cavalerie et l'artillerie divisionnaire d'infanterie.

L'artillerie lourde comprend l'artillerie divisionnaire d'infanterie et l'artillerie d'armée.

L'artillerie comprend, en outre, des compagnies de projecteurs et de repérage.

Le génie se compose d'unités de campagne et d'unités du services des communications.

Les unités de campagne comprennent des compagnies de sapeurs-mineurs divisionnaires de campagne et des compagnies de sapeurs-mineurs de place.

Les unités du service des communications se composent de compagnies de sapeurs de chemins de fer de campagne, de compagnies de sapeurs de ponts lourds, de compagnies de sapeurs téléphonistes et radiotélégraphistes et de compagnies de sapeurs électro-mécaniciens.

L'aviation se compose d'escadrilles divisionnaires, d'escadrilles d'armée, de compagnies d'aérostiers et de compagnies de météorologie.

La cavalerie se compose de pelotons de cavalerie divisionnaire et de division de cavalerie d'armée.

Les services des troupes comprennent : les compagnies d'ouvriers de parc, les compagnies du train des équipages, les compagnies de secrétaires militaires, les compagnies de commis et ouvriers d'administration et les compagnies d'infirmiers militaires.

Pour cette organisation, nous aurons besoin des effectifs suivants (voir le tableau annexe) :

Pour la couverture (troupes métropolitaines)	85.000	hommes
Pour l'intérieur (armée d'instruction métropolitaine) . .	247.000	»
Pour l'Afrique du Nord. . .	95.000	»
Pour l'armée coloniale. . . .	87.000	»
Soit un effectif de. .	514.000	hommes

Il y aura lieu d'ajouter à cet effectif : le régiment des sapeurs-pompiers de Paris, la Légion étrangère, les bataillons d'Afrique et quelques services sédentaires (remontes, écoles, justice militaire), ce qui portera notre effectif à un total de :

520.000 hommes.

Cet effectif devra nous être fourni :
335.000 hommes par la métropole;
95.000 hommes par l'Afrique du Nord;
90.000 hommes par toutes les autres colonies.

Actuellement, l'Afrique du Nord et les autres colonies peuvent nous fournir largement les 185.000 hommes qui nous sont nécessaires pour leur organisation.

Les contingents métropolitains n'auront donc à nous fournir que :

335.000 hommes.

Si, comme il a été établi lors de la discussion de la loi sur le recrutement, nous estimons que l'armée active doit disposer d'environ

100.000 engagés et rengagés

pour que notre couverture du temps de paix soit toujours en état d'entrer en action immédiatement, en cas de danger, et si, d'autre part, nous prenons toutes les mesures nécessaires pour avoir constamment ces 100.000 rengagés, le contingent n'aura plus qu'à nous fournir annuellement comme complément :

235.000 hommes.

Dans ces conditions, nous n'aurons besoin que d'une classe pour assurer nos effectifs du temps de paix. Nous pourrons ainsi ramener à douze mois la durée du service militaire et n'avoir plus qu'une classe annuellement sous les drapeaux.

Nous devrons, par contre, augmenter de dix mois la durée du service dans la disponibilité, afin qu'en cas de tension ou de menace de guerre, nous puissions disposer d'une demi-classe de plus pour renforcer immédiatement notre couverture, en attendant la mobilisation.

L'organisation que je viens d'exposer ne diminue en rien notre force militaire, elle nous permet au contraire de produire de suite notre maximum d'efforts.

Elle peut être mise en application très rapidement. Nous avons déjà quelques camps d'instruction qui seraient vite aménagés. Mais en attendant que nous les ayons tous organisés, nous pouvons utiliser les garnisons actuelles, quitte à grouper successivement les brigades d'instruction, au fur et à mesure que nous liquiderons les casernements inutiles et que nous disposerons de nouveaux camps d'instruction. Cette période transitoire n'empêche nullement l'organisation proposée de pouvoir fonctionner.

Enfin, dès que les brigades d'instruction seront constituées, la réduction du service militaire à un an pourra entrer en application.

Nous diminuerons ainsi considérablement nos charges militaires, et nous rendrons au pays 125.000 jeunes gens utiles à notre vie économique.

Mais il faut vouloir franchement changer nos habitudes ; il faut admettre que l'armée n'est faite que pour la guerre. Il faut imposer à l'état-major de l'armée la nouvelle conception militaire qui résulte des leçons de la guerre, et ne plus considérer l'armée active comme l'élément principal de l'armée.

L'Allemagne, obligée par le Traité de Versailles à n'avoir qu'une armée active très réduite (100.000 hommes, alors qu'elle en avait 900.000

en 1914), a repris les idées qu'elle avait appliquées avec Scharnhorst en 1806. Son armée du temps de paix n'est plus qu'un réservoir de cadres, une armée de gradés, qui, au moment de la mobilisation, encadrent toutes les unités formées avec les forces mâles de la Nation, avec tous les hommes de 20 à 45 ans qui sont appelés et constituent l'Armée Nationale.

L'Allemagne vaincue ne peut plus avoir l'armée brillante du temps de paix qu'elle avait en 1914. Elle a organisé la Nation armée pour préparer sa revanche ou tout au moins pour faire face aux éventualités qu'elle prévoit.

Si l'Allemagne actuelle, comme certains semblent l'admettre, peut, par des dispositions spéciales, arriver à organiser facilement et rapidement sont armée pour la guerre, il doit nous être aisé d'employer les mêmes procédés.

Comme nous sommes sur le Rhin et que nous y avons déjà une couverture forte de près de 100.000 hommes, nous pouvons en quelques jours la renforcer dans des conditions bien supérieures à l'Allemagne. Nous pouvons agir plus vite et plus loin. Avec l'organisation que nous préconisons nous avons la rapidité et la supériorité du nombre et du matériel.

Les guerres ne sont malheureusement pas encore supprimées. Elles deviendront plus rares, peut-être, mais il y en aura encore. Les luttes futures seront des luttes de peuples, des luttes de nations qui chercheront à s'exterminer.

Elles n'en deviendront que plus terribles. Malgré les magnifiques discours prononcés à Genève, dans les conférences de la Société des nations par les premiers représentants de la plupart des grandes nations, nous ne pouvons pas encore nous endormir dans des chimères de paix universelle. Les peuples ne sont que des réunions d'hommes, avec leurs passions, leurs défauts, leurs appétits. Ils ont besoin d'une force pour se garantir de leurs voisins, surtout lorsque ces derniers sont turbulents ou menaçants. Nous devons évidemment tout faire pour éviter cet affreux fléau qu'est la guerre, mais ce n'est pas encore la décision du Tribunal de la Société des nations qui la supprimera, soit par un arbitrage, soit par un simple jugement, et il n'y a pas de sanction sans force capable d'imposer à n'importe quelles puissances la sentence arbitrale.

On nous parle bien de mesures coercitives que la Société des nations déciderait: mesures d'action économique, boycottage des produits, blocus de la nation récalcitrante, etc. L'Allemagne et l'Autriche ont été pendant 4 ans pour ainsi dire seules contre presque toute l'Europe. Elles étaient privées de leurs colonies, bloquées par les forces alliées; elles ont pu, avec leurs ressources propres, continuer la lutte et ce n'est que la force qui les a amenées à capituler. On voit d'ailleurs difficilement quelles mesures économiques on pourrait prendre par exemple contre une grande nation, comme la Russie ou les Etats-Unis.

L'Italie, elle-même, au moment de l'incident de Corfou, n'avait-elle pas déclaré qu'elle ne se conformerait à la décision du Tribunal de La Haye que si cette décision lui donnait satisfaction et qu'elle emploierait au besoin la force pour l'obtenir.

Enfin, on espère assurer la paix du monde par le désarmement. Si les puissances doivent désarmer, quelles forces seront mises alors au service du Tribunal de La Haye? Là encore nous sommes dans le domaine purement théorique, car personne ne veut désarmer d'abord. Les peuples qui, pour des raisons géographiques ou politiques, croient leur tranquillité en péril et qui savent que, pour vivre en paix, il faut être plusieurs à le vouloir, ne peuvent se contenter d'un désarmement aussi intégral soit-il. Le contrôle du désarmement est d'ailleurs une chimère, car une nation désarmée aujourd'hui peut, à un moment donné, se révéler redoutable. Il faudrait à ce contrôle ajouter les conditions morales du désarmement, c'est-à-dire la sécurité pour tous, et nous voyons alors que le problème de la sécurité domine tous les autres. La paix ne pourra être assurée que lorsque la sécurité de toutes les nations, des plus petites comme des plus puissantes, sera garantie par des moyens de droit qu'on aura la certitude de pouvoir mettre en œuvre sans courir le risque d'une défaillance ou d'un abandon.

Il ne s'agit pas seulement d'empêcher une agression; il faut que cette agression soit rendue impossible. Il ne s'agit pas seulement de protéger les frontières, il faut sauvegarder des conditions d'existence. Peut-on croire que dans les conditions actuelles du monde, la Société des nations puisse assurer à chaque pays que ses voisins ne seront pas en état de l'attaquer, ou de l'affamer ou de le ruiner. Certes, il serait très désirable que la Société des nations eût ce pouvoir. Mais jusqu'ici je ne vois pas de quels moyens dispose cette Haute Assemblée pour y arriver. La sécurité des peuples n'est pas assurée uniquement par des garanties; il faut que ces dernières soient appuyées par la force.

Il est fort bon d'espérer l'assistance générale des nations contre l'Etat agresseur. Mais à qui fera-t-on croire, par exemple, que les légions américaines innombrables retraverseront les océans, sous la sauvegarde de la flotte britannique, sur un ordre parti du Conseil arbitral de Genève ou de La Haye.

L'édifice de la sécurité de la France doit reposer sur des bases plus fermes, et pour cette sécurité nous ne pouvons, hélas, aujourd'hui encore, ne compter que sur nous-mêmes.

Malgré les nombreux articles du Protocole élaboré ces jours-ci à Genève, par la Société des Nations, pour l'arbitrage, la sécurité et le désarmement, nous ne sommes pas encore à l'abri d'une agression brusquée. N'oublions pas que le vieux proverbe « Si vis pacem, para bellum » subsiste toujours. Ne substituons pas, par des accords de façade, à l'armure de la France la visière de carton ou le plat à barbe de Don Quichotte. Prévoyons et préparons l'organisation de la Nation, pour être prêts en cas de menace et de danger. Soyons assez forts pour être tranquilles. Ce sera le plus sûr moyen d'aider la Société des Nations à empêcher la guerre, en attendant que l'esprit de fraternité et de concorde se soit développé entre les peuples pour empêcher les conflits futurs.

Général TAUFFLIEB,

Ancien Commandant du 37e Corps d'armée,
Sénateur du Bas-Rhin.

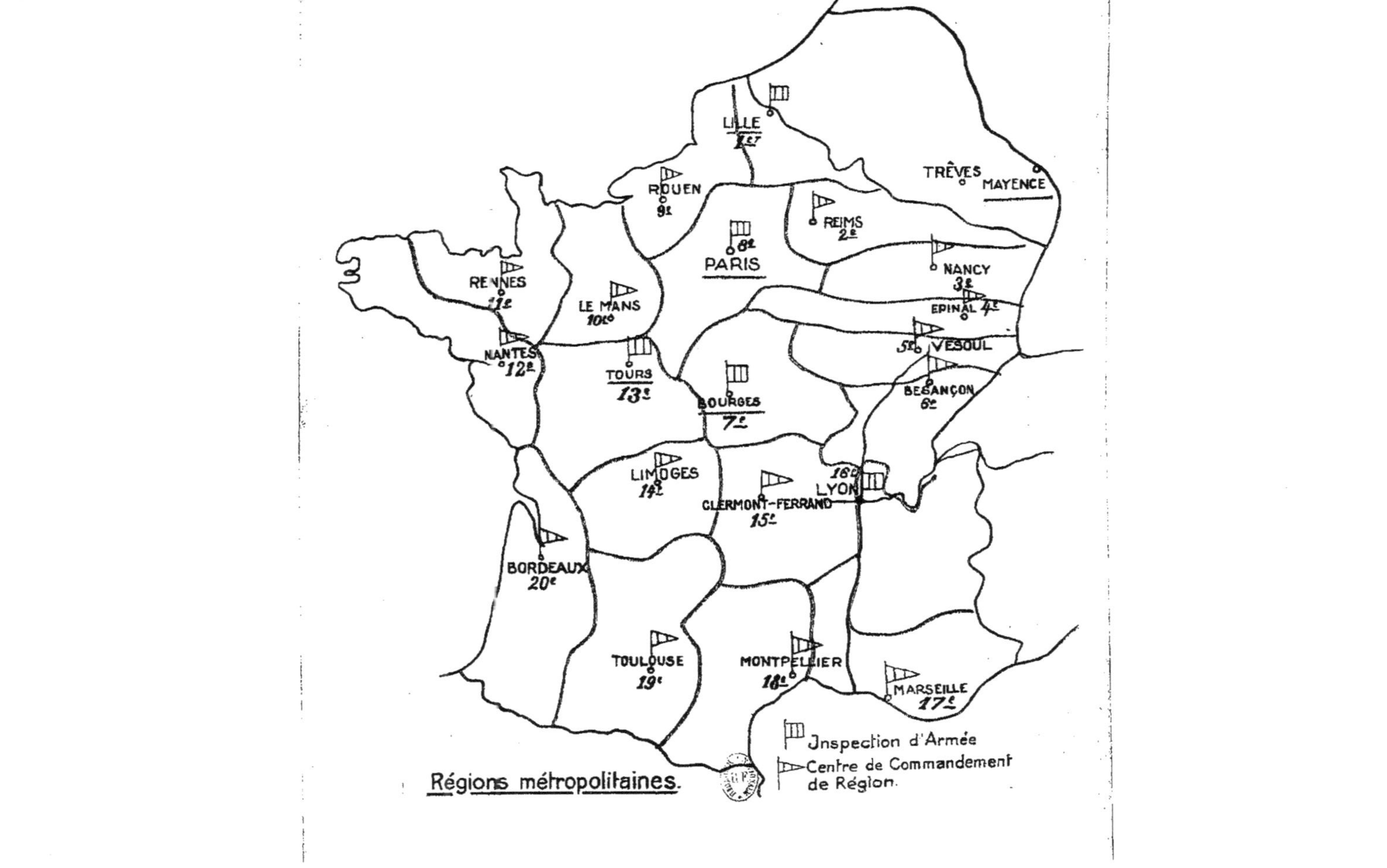

Régions métropolitaines.

MATÉRIEL NOUVEAU

dont il y a lieu de doter immédiatement
la Couverture

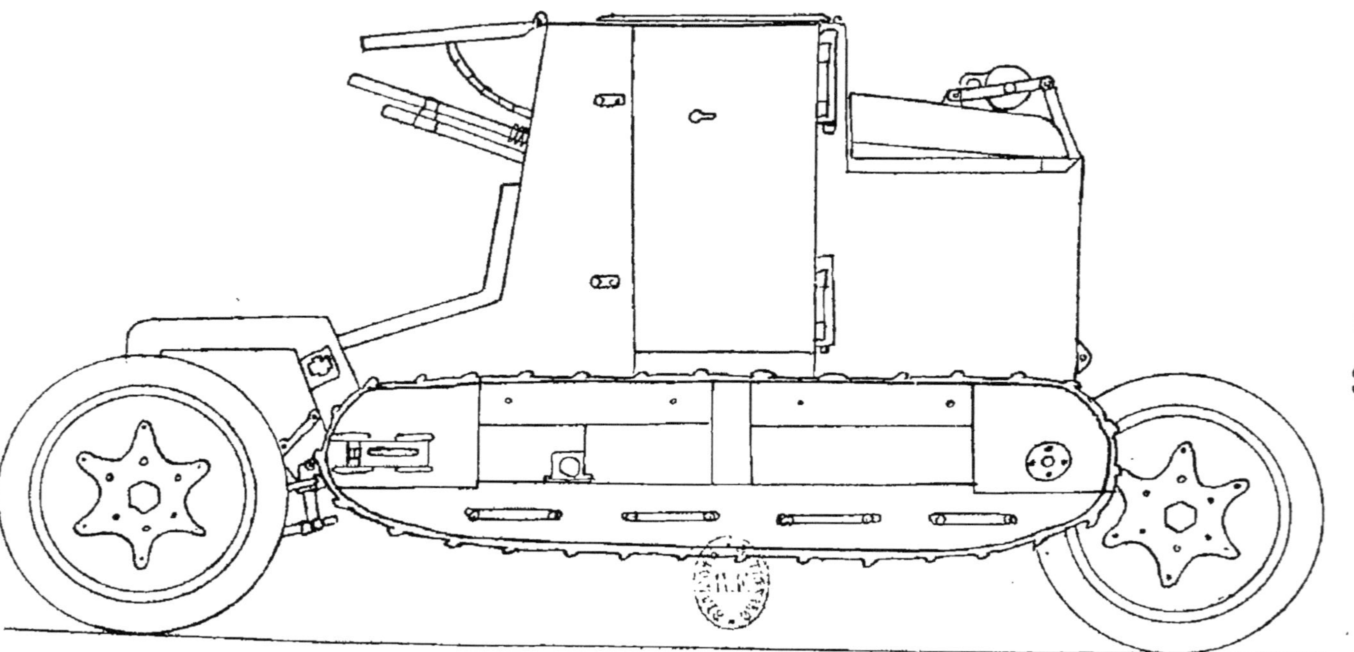

CHAR d'INFANTERIE

allant sur roues ou sur chenilles

Poids : 3000 kilos — 2 hommes avec mitrailleuse — Blindé contre la balle

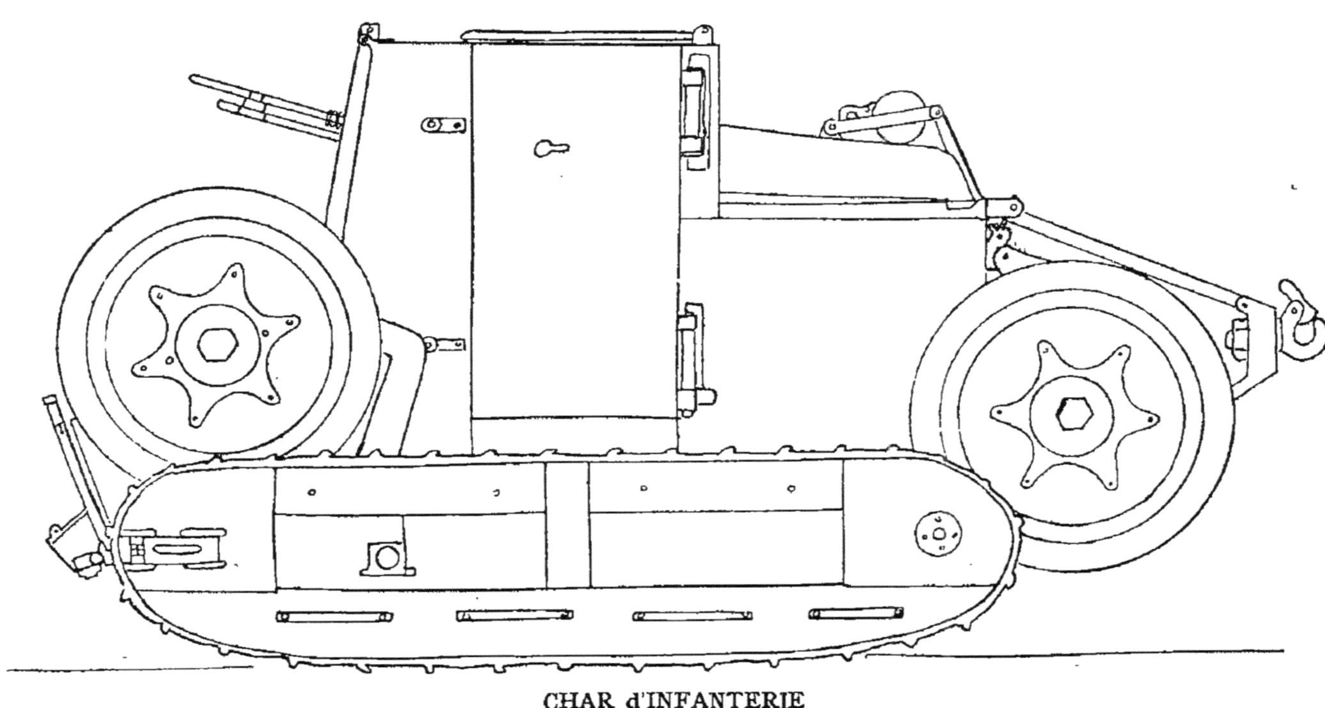

CHAR d'INFANTERIE
Position sur chenilles
Vitesse : 25 kilomètres sur roues — 9 kilomètres sur chenilles

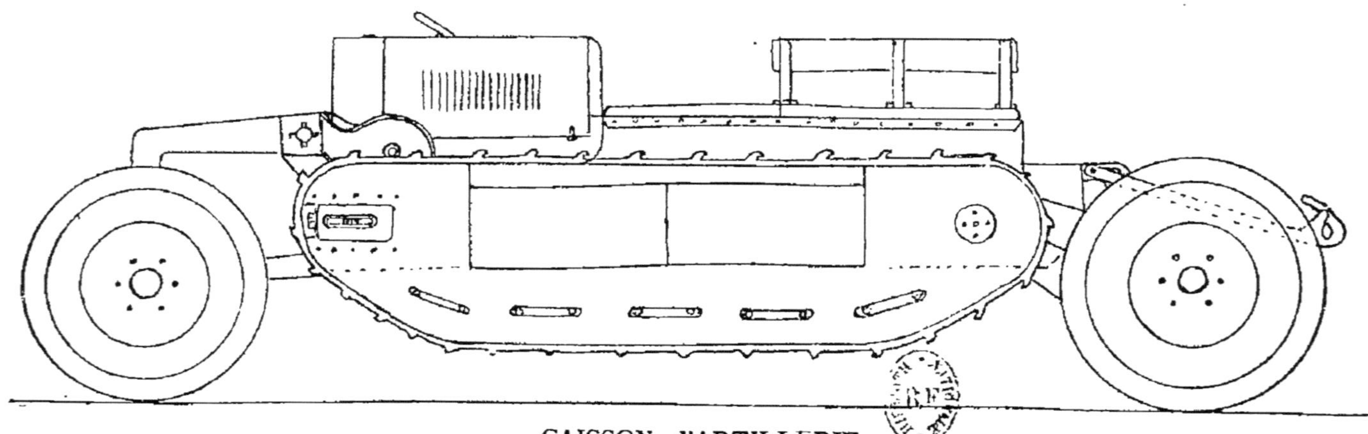

CAISSON d'ARTILLERIE

Remorque un canon de 75 — Sur roues ou sur chenilles — Poids : 4800 kilos — 6 hommes

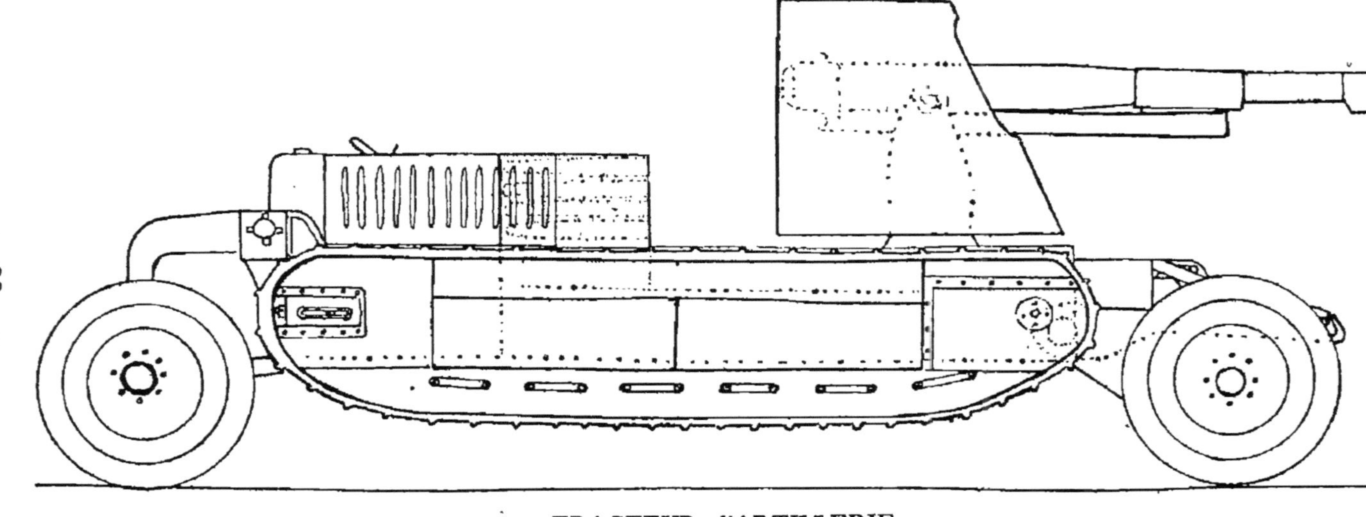

TRACTEUR d'ARTILLERIE

Canon de 75 — Position sur roues — Poids : 6600 kilos blindé — 8 hommes

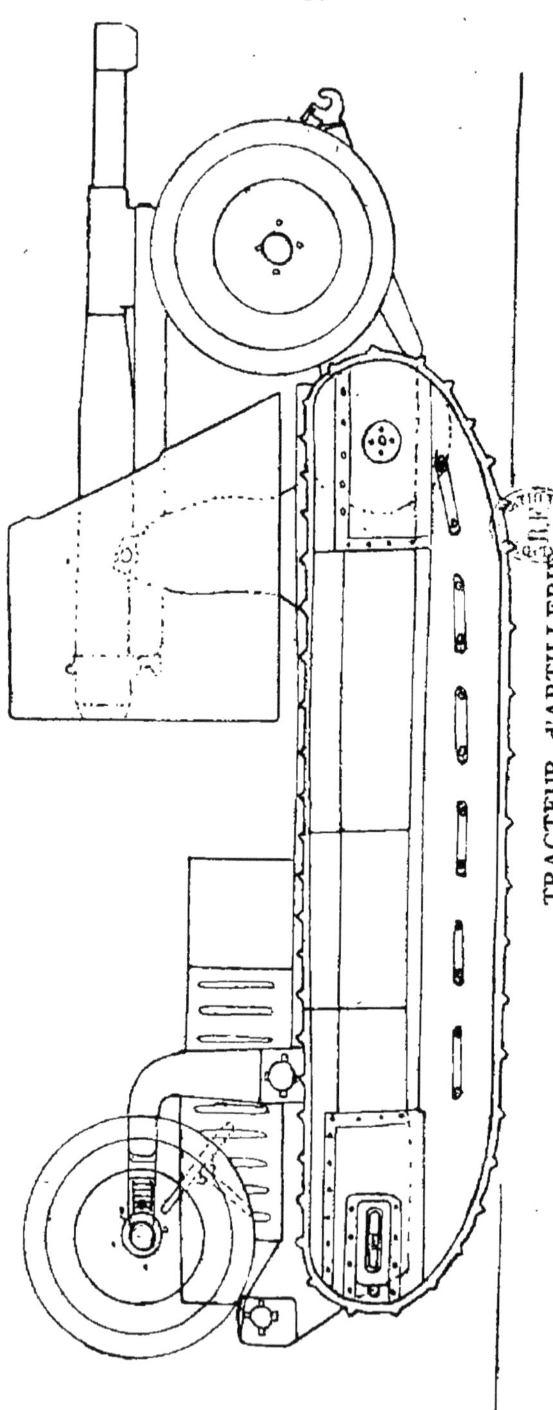

TRACTEUR d'ARTILLERIE
Position sur chenilles

Tableau donnant la Composition des Unités et leurs effectifs.

UNITÉS			Infanterie – Grenadiers - Fusiliers Mitrailleurs – Rég.	Bon	Cie	Effectif	Chars de Combat – Cie	Effectif	Artillerie – Légère – Gr.	Bies	Lourde – Gr.	Bies	Cie	Effectif
Couverture 12 Divis. Inf. 4 Divis. Cav.		12 Brigades métropolitn (12 Régts Inf., 36 Batons ch. à p.)	12	36	108	19.860								
			—	36	108	19.980	24	2.880	24	72	12	36	—	14.400
		4 Divisions de Cavalerie	—	—	12	1.320	4	480	12	36	—	—	—	4.800
		Total	12	72	228	41.160	28	8.360	36	108	12	36	—	19.200
20 Régions métropole	20 Divisn d'Instruc.	40 Brigades d'Instruct.	—	200	600	111.000	40	4.800	80	240	80	240	—	60.800
		20 Bataillons-Ecoles	—	20	60	6.600	—	—	—	—	—	—	—	—
		Total	—	220	660	117.600	40	4.800	80	240	80	240	—	60.800
4 Régions Afriq. d.N.	4 Divisn actives à 2 Brig. de marche		24	72	216	39.720	16	1.920	16	48	8	24	—	9.120
	4 Divisions d'Instruction	8 Brigades	—	24	72	18.320								
		d'Instruction	—	16	48	8.880	8	960	8	24	8	24	—	6.080
		4 Bataillons-Ecoles	—	4	12	1.320								
		Total	24	116	348	63.240	24	2.880	24	72	16	48	—	15.200
2 Régions Coloniales	2 Divisn activ. à 2 Brig.d. march.	4 Brigades	24	72	216	39.720								
		de marche	—	12	36	6.660	8	960	8	24	4	12	—	4.560
	2 Divisions d'Instruction	4 Brigades	—	36	108	19.980								
		d'Instruction	—	8	24	4.446	4	480	4	12	4	12	—	3.040
		2 Bataillons-Ec.	—	2	6	600								
		Total	24	130	390	71.460	12	1.440	12	36	8	24	—	7.600
Artillerie d'Armée		Artillerie Lourde (A. L. G. P.)	—	—	—	—	—	—	—	—	3	9	—	1.140
		Artillerie contre aéronefs	—	—	—	—	—	—	8	24	—	—	—	3.040
		Compagnies projecteurs et repérage	—	—	—	—	—	—	—	—	—	—	4	700
Génie d'Armée		Compagnie sap. mine de place	—	—	—	—	—	—	—	—	—	—	—	—
		Compagnie sap. ponts lourdes	—	—	—	—	—	—	—	—	—	—	—	—
		Bataillons sap. de chem. de fer	—	—	—	—	—	—	—	—	—	—	—	—
		Compagnie sap. électro-mécan.	—	—	—	—	—	—	—	—	—	—	—	—
		Compagnie sap. télégr. radio-tél.	—	—	—	—	—	—	—	—	—	—	—	—
Aviation d'Armée		Escadrilles d'Armée	—	—	—	—	—	—	—	—	—	—	—	—
		Sapeurs aérostiers	—	—	—	—	—	—	—	—	—	—	—	—
		Compagnie météorologie	—	—	—	—	—	—	—	—	—	—	—	—
Ouvriers de parc d'Armée			—	—	—	—	—	—	—	—	—	—	—	—
		Total général	80	538	1626	293.460	104	12.480	160	480	119	357	4	107.680

UNITÉS			Génie – Hon	Cie	Effectif	Aviation – Escilles	Cie	Effectif	Cavalerie – Rég.	Esc.	Pel.	Effectif	Ouvriers de Parc – Cie	Effectif	Train des Equipages – Cie	Effectif	Secrétaires militaires – Cie	Effectif	Commis et ouvriers d'Ad. – Cie	Effectif	Infirmiers militaire – Cie	Effectif
Couverture 12 Divis. Inf. 4 Divis. Cav.		12 Brigades métropolitn (12 Régts Inf., 36 Batons ch. à p.)	—	12	1.680	48	—	5.760	—	—	12	360	—	—	—	—	—	—	—	—	—	—
		4 Divisions de Cavalerie	—	4	400	4	—	480	36	108	324	11.880	—	—	—	—	—	—	—	—	—	—
		Total	—	16	2.080	52	—	6.240	36	108	336	12.240	—	—	—	—	—	—	—	—	—	—
20 Régions métropole	20 Divisn d'Instruc.	40 Brigades d'Instruct.	—	40	5.600	120	—	14.400	—	—	40	1.200	40	16.000	20	4.000	20	3.200	20	2.400	20	2.000
		20 Bataillons-Ecoles	—	—	—	—	—	—	—	—	—	—	—	—	—	—	—	—	—	—	—	—
		Total	—	40	5.600	120	—	14.400	—	—	40	1.200	40	16.000	20	4.000	20	3.200	20	2.400	20	2.000
4 Régions Afriq. d.N.	4 Divisn actives à 2 Brig. de marche		—	8	1.120	16	—	1.920	8	24	72	2.640	—	—	—	—	—	—	—	—	—	—
	4 Divisions d'Instruction	8 Brigades d'Instruction, 4 Bataillons-Ecoles	—	8	1.120	8	—	960	—	—	8	240	8	3.200	4	800	4	640	4	480	4	400
		Total	—	16	2.240	24	—	2.880	8	24	80	2.880	8	3.200	4	800	4	640	4	480	4	400
2 Régions Coloniales	2 Divisn activ. à 2 Brig.d. march.	4 Brigades de marche	—	4	500	8	—	960	—	—	8	240	—	—	—	—	—	—	—	—	—	—
	2 Divisions d'Instruction	4 Brigades d'Instruction, 2 Bataillons-Ec.	—	4	560	4	—	480	—	—	4	120	4	1.600	2	400	2	320	2	240	2	200
		Total	—	8	1.120	12	—	1.440	—	—	12	360	4	1.600	2	400	2	320	2	240	2	200
Artillerie d'Armée		Artillerie Lourde (A. L. G. P.)	—	—	—	—	—	—	—	—	—	—	—	—	—	—	—	—	—	—	—	—
		Artillerie contre aéronefs	—	—	—	—	—	—	—	—	—	—	—	—	—	—	—	—	—	—	—	—
		Compagnies projecteurs et repérage	—	—	—	—	—	—	—	—	—	—	—	—	—	—	—	—	—	—	—	—
Génie d'Armée		Compagnie sap. mine de place	—	1	140	—	—	—	—	—	—	—	—	—	—	—	—	—	—	—	—	—
		Compagnie sap. ponts lourdes	—	1	140	—	—	—	—	—	—	—	—	—	—	—	—	—	—	—	—	—
		Bataillons sap. de chem. de fer	2	6	900	—	—	—	—	—	—	—	—	—	—	—	—	—	—	—	—	—
		Compagnie sap. électro-mécan.	—	1	140	—	—	—	—	—	—	—	—	—	—	—	—	—	—	—	—	—
		Compagnie sap. télégr. radio-tél.	—	4	560	—	—	—	—	—	—	—	—	—	—	—	—	—	—	—	—	—
Aviation d'Armée		Escadrilles d'Armée	—	—	—	40	—	4.800	—	—	—	—	—	—	—	—	—	—	—	—	—	—
		Sapeurs aérostiers	—	—	—	—	2	280	—	—	—	—	—	—	—	—	—	—	—	—	—	—
		Compagnie météorologie	—	—	—	—	1	140	—	—	—	—	—	—	—	—	—	—	—	—	—	—
Ouvriers de parc d'Armée			—	—	—	—	—	—	—	—	—	—	6	2.400	—	—	—	—	—	—	—	—
		Total général	2	93	12.920	248	8	30.180	44	132	468	16.680	58	23.200	26	5.200	26	4.160	26	3.120	26	2.600